yoga

pour femme enceinte

Rosalind Widdowson

yoga

pour femme enceinte

• MARABOUT •

Sommaire

Introduction   6
   Le yoga et la grossesse   8
   Pour une meilleure pratique du yoga   10
   À chacune son programme   14
   Les chakras et les énergies subtiles   16
   La relaxation profonde   18
   La pratique du yoga nidra   20
   Posture, maintien et équilibre   22
   Le programme prénatal   24
   Les différentes techniques respiratoires du yoga   32

Les premiers mois de la grossesse   35
   Conseils pratiques   36
   Programme n° 1   38
   Programme n° 2   42
   Programme n° 3   48
   Programme n° 4   54

Le milieu de la grossesse   65
   Conseils pratiques   66
   Programme n° 5   68
   Programme n° 6   72
   Programme n° 7   76
   Programme n° 8   82

Les derniers mois de la grossesse   91
   Conseils pratiques   92
   Programme n° 9   94
   Programme n° 10   100
   Programme n° 11   104
   Programme n° 12   110

Annexes   121
   Index   122
   Bibliographie   126

INTRODUCTION

LES EXERCICES DE YOGA PRÉSENTÉS DANS CET OUVRAGE ONT ÉTÉ MIS AU POINT ALORS QUE J'ATTENDAIS MA FILLE EMILY. JE LES AI CONSIGNÉS JOUR APRÈS JOUR DANS UN JOURNAL PENDANT TOUTE LA DURÉE DE LA GROSSESSE. TOUS MES ÉLÈVES — Y COMPRIS LES HOMMES ET J'INSISTE SUR CE POINT — M'ONT TOUJOURS SOUTENUE, CE QUI M'A PERMIS DE MENER À BIEN CE PROJET ET D'ENSEIGNER JUSQU'AU JOUR DE L'ACCOUCHEMENT. AU FIL DES ANS, J'AI MODIFIÉ CERTAINS EXERCICES CAR LES TENDANCES ONT CHANGÉ MAIS MON OBJECTIF EST RESTÉ LE MÊME, À SAVOIR PROTÉGER ET PRENDRE LE PLUS GRAND SOIN DE LA FEMME ENCEINTE ET DE SON BÉBÉ.

Le yoga est une science très ancienne. Elle permet à tous ceux qui le pratiquent d'avoir un corps sain, souple et harmonieux. Il suffit de quelques exercices pour retrouver la vitalité, le maintien, la grâce, la confiance en soi, l'attention et la concentration, la paix de l'esprit et un sens de l'harmonie et de l'équilibre. C'est pourquoi la pratique du yoga est primordiale pendant la grossesse. En effet, pendant cette période, certaines femmes se sentent peu attirantes, sont mal à l'aise dans leur corps en pleine transformation et sont souvent très fatiguées. Le yoga peut changer radicalement la perception de la grossesse en permettant aux femmes de vivre positivement et sereinement cette période si particulière.

Depuis que j'enseigne le yoga — soit une trentaine d'années —, j'ai remarqué que les femmes enceintes qui suivent mes cours semblent moins grosses que la majorité des femmes qui attendent un bébé. En effet, une bonne séance de yoga stimule le drainage lymphatique. Les femmes sont alors moins bouffies et moins rondes. Elles n'ont jamais d'œdème (rétention d'eau) et leurs articulations n'enflent pas. Leurs muscles étant plus toniques, elles se tiennent mieux. Elles n'ont pas de cellulite car leur posture est bonne. Elles ne prennent pas trop de poids car leur système endocrinien (qui contrôle les hormones) est tonique et sain. Il y a aussi d'autres différences qui se sentent plus qu'elles ne se voient. Les femmes enceintes qui pratiquent le yoga dégagent un calme, une grâce et une confiance en soi qui les rendent resplendissantes, bien loin de l'image de la femme enceinte exténuée physiquement et moralement qui vit sa grossesse comme un fardeau et attend avec impatience l'heure de la délivrance.

Je parlerai également des effets à long terme. J'enseigne aujourd'hui aux fils et aux filles des premières femmes qui ont suivi mes cours pendant leur grossesse. Ce qui me frappe en eux c'est que, à la différence des autres garçons et filles de leur âge, ils ont des corps merveilleusement souples et gracieux. Ils sont aussi plus enthousiastes et plus forts mentalement. Nul ne peut dire si ces différences sont dues à ce qu'ils ont vécu lorsqu'ils étaient dans le ventre de leur mère et à la culture dans laquelle ils ont été élevés. La seule chose que je puis affirmer, c'est que tous pratiquent le yoga simplement parce qu'ils aiment cela et non parce qu'ils y sont obligés.

Lorsque j'ai rencontré Carol Pannell, qui est spécialisée dans les accouchements par voie naturelle et qui m'a aidé à rédiger cet ouvrage, nous nous sommes immédiatement reconnues sur le plan intellectuel. Bien que travaillant dans deux domaines différents, nous parlons le même langage. Les thèmes que nous abordons l'une et l'autre sont si semblables que nous pourrions échanger

nos disciplines. Nous pensons toutes les deux que pour comprendre comment fonctionnent les gens sur les plans médical et psychologique, il ne faut pas dissocier le corps, l'esprit et les émotions.

À la fin des années 1970, alors que j'attendais Emily, les gynécologues et les obstétriciens recommandaient aux femmes enceintes de s'inscrire à un cours de gymnastique prénatal. Ces cours étaient en général toujours complets. Malheureusement, de nos jours, l'approche de la grossesse, très médicalisée et axée sur la sécurité, fait que les médecins ont tendance à accorder peu d'importance à ces cours.

En écrivant ce livre, je me suis bien sûr demandé s'il était possible de pratiquer en toute sécurité le yoga en ayant pour seule référence et seul guide un livre. Aussi ai-je décidé de ne pas inclure dans cet ouvrage les postures inversées. En effet, au cours de la grossesse, ces postures doivent être travaillées avec un professeur expérimenté, surtout si vous êtes novice. Si vous souhaitez découvrir l'ensemble des postures de yoga, je n'ai qu'un conseil à vous donner : inscrivez-vous à un cours.

Réfléchissant à la structure de cet ouvrage, je me suis dit que présenter toutes les postures de base du yoga à des femmes enceintes inexpérimentées serait une erreur. Pour que ce livre soit accessible et bénéfique au plus grand nombre d'entre vous, j'ai mis au point des exercices adaptés à vos besoins tout en respectant l'essence même des différentes postures. Par ailleurs, ayant pratiqué la danse classique et la danse orientale, j'ai voulu que les séances proposées soient un moyen d'expression artistique qui vous donne du plaisir et ce quel que soit le stade de votre grossesse.

Nous devons garder à l'esprit que le yoga – qui est à la fois un art et une science – nous a été transmis par d'éminents professeurs. Je profite de ce livre pour remercier et exprimer toute ma gratitude à celles et à ceux qui m'ont transmis leur savoir : Lettie, la nourrice afro-indienne qui s'occupait de moi en Afrique du Sud, B K S Iyengar, Yogini Sunita, Wilfred Clark, H. H. Swami Sivananda Saraswati et Paramahansa Satyananda. J'ai une pensée particulière pour Swami Tantramurti Saraswati et chacun de mes élèves.

Pour finir, je dédie cet ouvrage à ma fille Emily. En prenant vie en moi, elle m'a permis de comprendre ce qu'est une grossesse, de vivre chaque étape au plus profond de mon corps et de mon âme et, surtout, elle m'a donné la plus grande joie de toute mon existence.

Rosalind Widdowson

LE YOGA ET LA GROSSESSE

LA GROSSESSE EST L'UNE DES TROIS PÉRIODES DE LA VIE DURANT LESQUELLES LA FEMME CONNAÎT D'IMPORTANTES MODIFICATIONS HORMONALES, LA PREMIÈRE ÉTANT LA PUBERTÉ (ACQUISITION DE LA FONCTION DE REPRODUCTION), LA SECONDE LA GROSSESSE ET LA TROISIÈME LA MÉNOPAUSE. AU COURS DE CES TROIS PÉRIODES, LES CHANGEMENTS PHYSIQUES S'ACCOMPAGNENT DE BOULEVERSEMENTS PSYCHIQUES ET ÉMOTIONNELS.

Pour la plupart, les femmes vivent leur première grossesse relativement jeunes. Elles n'ont généralement pas encore acquis la maturité qui permet d'accéder à l'observation et à la prise de conscience de soi qui sont les principes fondamentaux du yoga. Rares sont celles qui se projettent dans l'avenir en termes de santé et de bien-être.

Dans les premiers mois de leur grossesse, nombreuses sont les femmes qui ont du mal à gérer leur impuissance face aux transformations qui s'opèrent au plus profond de leur être. Elles doivent cependant apprendre à accepter ces différents changements et adapter leur mode de vie au processus physique et mental de la grossesse.

Ces bouleversements physiques, psychiques et émotionnels se traduisent souvent par un état de stress. Les femmes ont le sentiment de ne plus avoir aucun « contrôle » sur ce qui se passe en elles. Certaines sont angoissées ou même terrorisées. Le yoga les aide à faire face aux transformations de leur corps et apaise, voire met fin à certains maux.

LES ÉMOTIONS DURANT LA GROSSESSE

Les transformations ne s'opèrent pas uniquement sur le plan physique. Le fait qu'un bébé prenne vie et se développe dans leur ventre permet aux femmes enceintes de prendre conscience d'une vérité spirituelle et de voir au-delà d'elles-mêmes. Elles sont amenées à considérer les besoins d'un autre être avant les leurs et c'est parfois difficile.

La maîtrise de la respiration (pranayama), la relaxation et la méditation font partie intégrante du yoga. Elles permettent d'avoir un regard objectif sur les émotions qui se bousculent ou s'affrontent à l'intérieur de soi et de retrouver un équilibre psychique. Il ne s'agit pas d'annihiler toutes les craintes mais plutôt de parvenir à gérer et accepter les différents sentiments avec sérénité. Quel que soit votre état physique, le yoga vous aide à vous adapter aux rythmes naturels et aux mécanismes de votre corps.

APRÈS LA GROSSESSE

Si vous ne sollicitez pas votre corps durant votre grossesse, il vous sera difficile de retrouver le corps que vous aviez avant celle-ci. La pratique du yoga pendant que vous êtes enceinte peut vous éviter des séquelles physiques ou psychiques – cellulite, vergetures, varices, ventre distendu, seins qui tombent, constipation, hémorroïdes, problèmes urinaires, prolapsus de l'utérus, problèmes de dos (hernie discale), mauvaise image de soi et dépression. Vous vous remettrez d'autant plus vite de votre accouchement. Après la naissance de votre bébé, consultez un ostéopathe ou un chiropracteur afin de ne pas souffrir plus tard de la colonne vertébrale ou du bassin.

La grossesse est une étape de la vie captivante et passionnante où tout tourne autour de la future mère. Après la naissance, cette obsession de soi se transforme, chez certaines femmes, en une obsession de leur bébé. Trop de mères délaissent leurs centres d'intérêt, abandonnent leurs talents créatifs et étouffent leur personnalité pour élever leur enfant. Au lendemain de l'accouchement, elles n'ont plus de vie à elles. Elles projettent leurs rêves et leurs désillusions sur leur descendance, ce qui peut, au lieu d'aider l'enfant à grandir, l'empêcher de s'épanouir. Pour être une « bonne mère », il n'est pas nécessaire d'entrer dans ce type de préoccupation obsessionnelle. La pratique du yoga, notamment l'observation de soi, met en évidence le rôle que vous devez jouer dans le processus de la naissance. Et comme l'a si bien écrit Kahlil Gibran : « Vos enfants ne sont pas vos enfants. Ils sont les fils et les filles du désir de la Vie pour elle-même. Ils passent par vous mais ne viennent pas de vous, et, bien qu'ils soient avec vous, ils ne vous appartiennent pas ».

PRATIQUER LE YOGA

Le yoga est l'une des plus anciennes branches de la philosophie brahmanique, mais durant des millénaires, certaines pratiques ont été gardées secrètes par des castes religieuses et sont restées inaccessibles aux femmes. Dans les années 1960, cette science a fait son entrée dans le monde occidental. D'abord transmise par les maîtres à leurs disciples, elle s'adresse aujourd'hui à tous.

Le yoga permet d'accéder à une philosophie et à un mode de vie qui répondent aux besoins immédiats et constituent les bases d'une vie future saine et équilibrée. Si vous vous initiez au yoga durant votre grossesse, essayez de conserver cette activité après l'accouchement.

Le yoga est basé sur le concept oriental selon lequel « le moins vaut le plus ». Le mouvement est dynamique et ne demande par conséquent que peu d'efforts physiques. Une fois que vous avez trouvé l'étirement ou la position dans laquelle vous vous sentez le mieux, soyez à l'écoute de votre corps et visualisez sa structure. Vous pourrez alors étirer, soulager et tonifier chacune des parties de votre corps et répéter les mouvements sans ressentir de douleur, de tension ou de stress.

POUR UNE MEILLEURE PRATIQUE DU YOGA

DANS LES PAGES QUI VONT SUIVRE, JE VOUS PRÉSENTE CE QUI EST, À MON SENS, LA « MEILLEURE PRATIQUE » DU YOGA. EN MAJORITÉ, LES CONSEILS ET RECOMMANDATIONS REGROUPÉS ICI SONT RECONNUS PAR TOUS LES YOGIS ET FIGURAIENT DÉJÀ DANS LES TEXTES SACRÉS DU YOGA. J'Y AI AJOUTÉ DES ÉLÉMENTS QUE J'AI EXPÉRIMENTÉS MOI-MÊME OU MES ÉLÈVES. JE SOUHAITERAIS QUE VOUS VOUS ATTARDIEZ SUR CES POINTS CAR IL EST IMPORTANT QUE VOUS COMPRENIEZ QUE DE NOMBREUX FACTEURS ENTRENT EN LIGNE DE COMPTE DÈS QUE L'ON VEUT CRÉER UN ESPACE SACRÉ À LA FOIS À L'INTÉRIEUR ET À L'EXTÉRIEUR DE SON CORPS. PAR AILLEURS, SI VOUS COMBINEZ CERTAINS DE CES ÉLÉMENTS, VOS SÉANCES DE YOGA SERONT NON SEULEMENT PLUS BÉNÉFIQUES MAIS ÉGALEMENT PLUS AGRÉABLES ET GRATIFIANTES. COMME POUR TOUT TRAVAIL OU EXPRESSION ARTISTIQUE, LE SECRET DE LA RÉUSSITE RÉSIDE DANS LA PRÉPARATION — ON NE RÉCOLTE QUE CE QUE L'ON SÈME.

LA SÉCURITÉ AVANT TOUT

Vous ne serez jamais aussi bien suivie sur le plan médical qu'au cours de votre grossesse. Le yoga fait partie des activités que les femmes enceintes peuvent pratiquer sans danger dans la mesure où les postures et les étirements ne vont pas au delà de leurs limites physiques. Soyez néanmoins vigilante. Si vous avez des problèmes de santé, notamment si vous souffrez de la colonne vertébrale, si vous avez une hernie discale, si vous avez fait une mauvaise chute, consultez toujours un ostéopathe ou un chiropracteur avant de vous inscrire à un cours de yoga et consultez votre médecin en précisant le type d'exercices que vous envisagez de faire. Si vous avez des pertes de sang, arrêtez immédiatement les exercices et allez voir votre médecin traitant ou votre gynécologue.

LES COURS DE YOGA

Même si cet ouvrage regroupe les principales informations pour pratiquer sans risque le yoga, rien ne vaut l'enseignement d'un professeur à condition que celui-ci soit habitué à travailler avec des femmes enceintes et que les cours ne soient pas trop chargés pour qu'il puisse s'occuper de chacune de ses élèves. Les liens qui se tissent entre les futures mères vont souvent au delà de leur grossesse et les unissent parfois pour le reste de leur vie. Si vous ne trouvez pas de professeur qualifié ou si les cours ne répondent pas à votre attente, demandez à des amies ou à d'autres femmes enceintes de se joindre à vous pour former un groupe et travailler à partir de cet ouvrage. Gardez à l'esprit que le yoga est une discipline qui doit être pratiquée régulièrement et sans interruption.

UN ENVIRONNEMENT ADÉQUAT

Un certain nombre de facteurs contribue à rendre la pratique du yoga agréable, enrichissante et gratifiante. Créez un environnement dans lequel vous vous sentez bien. Si l'idéal est de pratiquer le yoga dehors, dans un endroit paisible, tempéré, aéré et à l'abri des courants d'air, il est malheureusement rare de réunir de telles conditions et pour la plupart, les personnes qui pratiquent le yoga le font chez elles.

Optez de préférence pour un lieu tranquille avec un mur contre lequel vous pourrez vous appuyer (utile à certaines postures) et une ouverture. L'endroit doit être propre, rangé, aussi clair que possible, pas trop près d'une source de chaleur ou d'un meuble contre lequel vous risquez de vous cogner et de vous blesser si vous perdez l'équilibre. La pièce doit être parfaitement ventilée mais sans courant d'air. L'odeur doit être agréable, la lumière tamisée et il ne doit faire ni trop chaud ni trop froid. Posez sur le sol un tapis antidérapant ou un tapis de yoga, l'idéal étant néanmoins de travailler pieds nus sur de la moquette et sur laquelle vous étalerez une couverture pliée recouverte d'un drap en coton pour les postures assises ou allongées. Ayez toujours à portée de main des oreillers ou des coussins pour soutenir certaines parties de votre corps selon les exercices.

Avant de commencer une séance, éteignez toutes les lampes inutiles, mettez le répondeur ou débranchez le téléphone. Informez votre entourage de l'heure à laquelle vous faites habituellement du yoga afin que tous évitent – autant que faire se peut – de vous déranger à ce moment-là. Si certaines personnes aiment mettre une musique d'ambiance ou de relaxation, il est fortement recommandé de travailler dans le silence le plus complet lorsque vous devez vous concentrer sur votre respiration ou vos pensées les plus intimes.

À QUEL MOMENT PRATIQUER LE YOGA ?

Selon la tradition, le yoga se pratique à quatre heures du matin (brahmamuhurta). Mais, hormis les insomniaques, rares sont ceux qui respectent cet horaire ! S'il est vrai qu'il est préférable de pratiquer le yoga en début de journée, sachez que les cours ont généralement lieu le soir. Si vous en avez la possibilité, pratiquez seule chez vous le matin et optez pour un cours le soir.

L'HYGIÈNE CORPORELLE

Avant une séance de yoga, prenez une douche tiède pour réchauffer vos muscles et vos ligaments. Frottez-vous le corps avec un luffa ou une brosse en pur poil de sanglier afin d'enlever les peaux mortes et de stimuler la circulation sanguine. Hydratez et assouplissez votre peau avec une lotion nourrissante. Soyez naturelle et évitez de vous maquiller.

QUE MANGER ET QUE BOIRE ?

L'idéal étant de pratiquer le yoga l'estomac vide, le moment de la journée le plus propice est au lever. Buvez à jeun un petit verre d'eau chaude bouillie afin de nettoyer votre organisme. Si vous faites de l'hypoglycémie, sucez un sucre d'orge. Urinez et allez à la selle avant de commencer votre séance. Si vous êtes constipée, évitez les laxatifs et reportez-vous à la page 68. Décontractez-vous et relâchez votre corps. Essayez d'aller à la selle tous les jours à la même heure. Après quelques semaines, vos intestins auront besoin de se vider à cette heure précise.

LES VÊTEMENTS ET LES ACCESSOIRES

Si possible, pratiquez le yoga nue devant un miroir. Vous pourrez ainsi vérifier et, le cas échéant, corriger votre posture tout en observant les transformations de votre corps au fil des jours. Si vous préférez être habillée, optez pour des vêtements en fibres naturelles (coton ou lin) amples, légers et confortables. Retirez vos lunettes ou vos verres de contact, votre montre et autres bijoux.

LE YOGA DYNAMIQUE OU STATIQUE

Les exercices présentés dans cet ouvrage s'adressent à toutes les femmes, qu'elles soient novices ou expérimentées. Néanmoins, si vous pratiquez le yoga depuis plusieurs années, ils pourront vous sembler trop faciles. Il vous faut choisir une forme de yoga : dynamique ou statique. Dans le premier cas, les mouvements qui s'enchaînent les uns aux autres font penser à une danse. Toutes les parties du corps y compris les muscles et les articulations s'assouplissent, la circulation sanguine est stimulée et l'énergie libérée.

Dans le deuxième cas, chaque posture est exécutée lentement sous une forme plus statique et méditative. Cette approche agit plus subtilement et plus fortement sur le physique et le psychique. Si vous êtes concentrée et si vous maintenez ces postures durant plusieurs minutes, vos organes internes, vos glandes et vos muscles seront massés et vous sentirez vos nerfs se relâcher peu à peu. Cette approche apaise l'esprit et ouvre la voie au détachement sensuel (pratyahara), à la concentration (dharana) et à la méditation (dhyana).

LES DIFFÉRENTES ÉNERGIES

Les postures sont divisées en plusieurs catégories, chacune d'elles ayant des effets particuliers.
• Les positions debout apportent la vitalité.
• Les positions assises apaisent.
• Les torsions purifient.
• Les positions inversées développent la force mentale.
• L'équilibre apporte un sentiment de légèreté.
• Les flexions en arrière ont un effet enivrant mais sont déconseillées aux femmes enceintes.
• Les flexions en avant ont un effet rafraîchissant sur l'esprit.
• La position allongée sur le ventre (déconseillée aux femmes enceintes) est source d'énergie.
• La position allongée sur le dos est relaxante.

Quelle que soit la position choisie, si l'alignement est parfait, l'énergie circulera sans discontinuité.

LES DIFFÉRENTES MÉTHODES DE TRAVAIL

L'équilibre est l'un des principes fondamentaux du yoga. Chaque posture (flexion ou étirement) doit être suivie d'une contre-posture. Si vous vous penchez en avant, vous devez vous pencher en arrière dans la posture suivante et tous les mouvements réalisés du côté gauche doivent être réalisés du côté droit. Les programmes que j'ai mis au point tiennent compte de cette notion, qu'il s'agisse d'étirements, d'enroulements ou de postures visant à la relaxation.

Si vous êtes novice ou si vous n'avez pas pratiqué le yoga depuis quelque temps, commencez par les exercices du programme prénatal pages 24-31 jusqu'à ce que vous vous sentiez prête à effectuer des enchaînements plus complexes. Optez pour des postures dynamiques puis allongez peu à peu les séances jusqu'à ce que vous réussissiez et soyez à même d'apprécier les bienfaits des postures statiques (voir paragraphe précédent).

Vous vous apercevrez rapidement que vous réalisez mieux vos postures d'un côté que de l'autre. Prenez l'habitude de toujours commencer par le côté où vous vous sentez le moins à l'aise et concentrez-vous au maximum. Au fil du temps, la différence entre les deux côtés se fera de moins en moins ressentir. Ne forcez jamais et, si vous ressentez une douleur lors d'une posture, choisissez-en une plus douce. Une fois que vous aurez trouvé l'étirement qui vous convient le mieux, essayez d'avoir une représentation mentale de la posture, de la visualiser. Les postures statiques doivent vous aider à aligner les différentes parties de votre corps.

LES EXERCICES RESPIRATOIRES

Le pranayama est une technique de contrôle de la respiration qui se déroule en quatre étapes. L'inspiration prolongée consciente permet de recevoir l'énergie vitale ou prana. La rétention correspond à la période durant laquelle l'air est retenu dans les poumons.

L'expiration permet de se vider de ses pensées et de ses émotions. La rétention externe restitue l'énergie à sa source.

Dans cet ouvrage, j'ai inclus les techniques respiratoires les plus méditatives et les plus douces, comme la respiration du soleil et de la lune (surya bheda et chandra bhedana), la respiration triomphante (ujjayi) et la respiration purificatrice (nadi shodhana). J'ai délaissé des techniques plus vigoureuses qui impliquent une rétention prolongée de la respiration ou stimulent les verrous (bandhas). Pour toutes les techniques de pranayama à l'exception de la respiration complète (pages 32-33), qui se pratique dans la position du cadavre (savasana), asseyez-vous confortablement. Les techniques respiratoires pendant l'accouchement, avec une plume ou avec une bougie (pages 116-117) s'adressent tout particulièrement aux femmes enceintes. Vous devez, comme pour les autres pranayamas, être parfaitement concentrée et consciente. Quelle que soit la technique, respirez par le nez et non par la bouche.

La respiration ne doit être ni trop énergique ni trop vigoureuse car vous risqueriez une hyperventilation. La posture et la respiration doivent être synchronisées. Le corps se relâche au moment de l'inspiration et se contracte au moment de l'expiration. Dans la posture finale, ne retenez pas votre respiration. Entre deux postures, respirez calmement et naturellement.

LA RELAXATION PROFONDE

Pour être parfaitement détendue, vous devez enchaîner différentes postures qui seront suivies de quelques pranayamas. Le principe de base est le suivant : plus l'étirement est long, plus la relaxation est profonde. Je vous recommande vivement de terminer chacune des séances par des exercices de relaxation. Que vous choisissiez d'être étendue sur le dos ou assise (pages 86-89), consacrez

quelques minutes à la technique du yoga nidra (pages 20-21). Formulée par Paramahansa Satyananda, l'un des plus grands yogis encore vivants, ainsi que par les maîtres tantriques, et inspirée du nyasa, ancienne pratique tantrique, cette technique est la base de nombreuses adaptations modernes qui prônent la relaxation consciente et méthodique à la fois du corps et de l'esprit.

LA CONCENTRATION ET LA MÉDITATION

La pratique du yoga est basée sur la relaxation et la concentration. Que vous optiez pour la relaxation profonde du yoga nidra ou la méditation avec une bougie (trataka), soyez parfaitement concentrée. Croire que la méditation est une « pratique » est une erreur. En effet, le patanjali qui codifie les traités yogis les mieux connus nous rappelle que la méditation est le fruit d'une concentration continue et prolongée. Vous découvrirez également au fil des pages que la visualisation peut jouer un rôle fondamental dans votre développement personnel et dans celui de l'enfant à naître.

À CHACUNE SON PROGRAMME

J'AI REGROUPÉ LES DIFFÉRENTES SÉANCES EN TROIS PARTIES CORRESPONDANT AUX TROIS TRIMESTRES DE LA GROSSESSE. VOUS N'ÊTES CEPENDANT PAS TENUE DE SUIVRE CES PROGRAMMES À LA LETTRE CAR ILS NE SONT LÀ QUE POUR VOUS GUIDER ET ÉVITER QUE VOUS ALLIEZ AU DELÀ DE CE QUI EST RECOMMANDÉ AUX FEMMES ENCEINTES, NOTAMMENT SI VOUS ÊTES NOVICE. SI VOUS PRATIQUEZ LE YOGA DEPUIS QUELQUES ANNÉES, JE VOUS LAISSE À MÊME DE JUGER COMBIEN DE TEMPS VOUS POUVEZ MAINTENIR CERTAINES POSTURES SANS AUCUN RISQUE ET COMMENT ADAPTER LES MOUVEMENTS AUX CHANGEMENTS DE VOTRE CORPS.

Dès le deuxième trimestre, je vous recommande fortement de soutenir votre corps avec des oreillers, de vous appuyer sur une chaise et d'adapter les postures en fonction, d'une part, de votre corps (dans lequel grandit votre bébé) et, d'autre part, des difficultés que vous pourrez rencontrer, notamment pour trouver et garder votre équilibre. J'ai par ailleurs inclus des postures pouvant apaiser certaines douleurs auxquelles sont souvent sujettes les femmes enceintes, notamment différentes techniques de drainage lymphatique permettant de lutter contre le syndrome du canal carpien.

Les exercices proposés dans le programme prénatal (pages 24-31) peuvent être pratiqués sans aucun risque tout au long de la grossesse. Ils peuvent également servir d'exercices d'échauffement avant les enchaînements des autres programmes. J'ai également mis au point pour chaque trimestre deux programmes de 15 minutes destinés à toutes celles qui n'ont que peu de temps à consacrer au yoga. Vous pourrez « mélanger et marier » les différentes postures à condition que vous incluiez les exercices de relaxation qui vont avec. Gardez toujours à l'esprit que toute flexion vers l'avant doit être suivie d'une flexion vers l'arrière et que tous les mouvements effectués d'un côté doivent être effectués de l'autre.

Si vous avez le temps, pratiquez en fin de séance un pranayama – ou technique du contrôle de la respiration – afin d'apaiser votre corps et votre esprit et contrôler vos émotions. Les bienfaits de la respiration complète, de la respiration triomphante (pages 32-33) et de la respiration purificatrice (pages 88-89) sont vantés par tous les yogis.

Les séances les plus bénéfiques sont celles qui se terminent par une relaxation profonde ; celle-ci permet d'évacuer tout le stress qui est en vous. Je vous conseille vivement la technique du yoga nidra même si vous n'y consacrez que quelques minutes.

TROUVER SON ÉQUILIBRE

Il m'arrive de rappeler à mes élèves qu'ils ne sont en concurrence ni les uns avec les autres ni avec eux-mêmes.
Le yoga repose sur la notion d'équilibre. Le plus important n'est pas de pratiquer le yoga à la perfection mais d'apprendre au fur et à mesure.
Bien que cet ouvrage s'adresse principalement aux femmes enceintes, j'espère que vous continuerez à pratiquer le yoga après la naissance de votre bébé.

Ce livre est divisé en quatre parties (dans le sens contraire des aiguilles d'une montre à partir de l'image en haut à gauche) ; le programme prénatal, les premiers mois de la grossesse, les derniers mois de la grossesse et le milieu de la grossesse. Selon vos aptitudes, vous n'êtes pas obligée de suivre ces programmes à la lettre.

LES CHAKRAS ET LES ÉNERGIES SUBTILES

VOUS VOUS DEMANDEZ PEUT-ÊTRE POURQUOI LES YOGIS PLIENT ET ÉTIRENT LEURS CORPS ET RÉALISENT TOUTES SORTES DE FIGURES QUI, APPAREMMENT, LEUR PERMETTENT D'ÊTRE EN BONNE SANTÉ. SACHEZ QUE CES POSTURES ÉTRANGES CACHENT UN SECRET. LE BUT FONDAMENTAL DU YOGA EST D'ÉVEILLER LES DIFFÉRENTS NIVEAUX DE CONSCIENCE, LA KUNDALINI SHAKTI – OU ÉNERGIE LATENTE – QUI PERMET À L'ÊTRE DE SE RÉALISER AU DELÀ DES FRONTIÈRES DU CORPS, DU MENTAL OU DU MOI.

Symbolisée par un serpent enroulé à la base de la colonne vertébrale (le périnée chez les hommes et la base du col de l'utérus chez la femme), cette énergie latente est la seule à pouvoir stimuler le corps et l'esprit. Toutes les postures, les techniques respiratoires et la méditation ont la même finalité, à savoir l'éveil et la distribution de cette énergie par le biais des chakras, centres d'énergie situés le long de la colonne vertébrale.

Un grand nombre de personnes sait canaliser cette énergie pour rester en bonne santé, gérer dans certaines limites émotions et modes de pensée et faire face à la vie de tous les jours. Par ailleurs, de nombreuses personnes choisissent des aliments sains, pratiquent et apprécient les exercices sources de vitalité, ont la sensibilité et le courage d'exprimer un grand nombre d'émotions – y compris la compassion et l'altruisme – et sont capables de visualiser, d'anticiper et de créer.

Et puis il y a des êtres peu communs, voire exceptionnels, des saints ou des personnes d'une extraordinaire richesse spirituelle à qui l'on doit ces vérités indispensables à la compréhension des croyances ésotériques et religieuses. Parmi eux, figurent les maîtres spirituels, de merveilleux artistes, les plus grands chercheurs scientifiques, les guérisseurs, les danseurs et les musiciens, dont la sagesse et les créations stimulent notre âme au delà des mots et des larmes.

LA FORCE INTÉRIEURE

Chaque être peut accéder à ce vaste potentiel car c'est la structure même sur laquelle repose notre être physique ; une source d'énergie, ou un réseau compliqué d'énergies subtiles, qui est à la base de notre corps matériel. Ces énergies vitales appelées prana – chi ou ki dans les contextes chinois et japonais – circulent à travers un réseau de canaux appelés nadis. Leur nombre est estimé à 72 000 mais les trois principaux sont les suivants : sushumna, qui part de la base de la colonne vertébrale et remonte jusqu'à la tête en passant par chacun des chakras ; ida, qui est l'énergie féminine ou lunaire, et pingala, qui représente l'énergie masculine ou solaire. Ida et pingala s'entrecroisent de gauche à droite et de droite à gauche, d'un chakra à l'autre, et s'enroulent à la manière d'un serpent. Ce caducée devenu l'emblème des médecins est le messager du dieu Mercure. N'est-ce pas étrange que l'un des plus grands symboles de l'ésotérisme et de l'énergie sacrée soit l'emblème d'une profession qui refuse aujourd'hui encore de reconnaître l'étendue des champs d'action du yoga ?

La tradition attribue à l'énergie de chaque chakra une couleur, un son (mantra) et une représentation visuelle (yantra). Selon les références ou les croyances de chacun, le nombre et la position de ces centres d'énergie peuvent varier. Néanmoins, les chakras le plus près du coccyx sont dans les rouges foncés et remontent le long de la colonne vertébrale avec une vibration très lente. Plus vous vous rapprochez du violet et du blanc, plus la fréquence augmente. Les énergies libérées par les chakras ne sont pas religieuses par nature, même si elles trouvent leurs racines dans la tradition indienne qui a contribué à faire du yoga une science toujours connue de nos jours. Le yoga est véritablement une science, et une science empirique, car les actions connues entraînent des résultats prévisibles se renouvelant encore et encore.

Si toutes les postures de yoga ont un effet thérapeutique sur le physique, elles ont également des effets énergétiques. Un programme bien équilibré vous permet de travailler à tous les niveaux, de relâcher les zones tendues et de puiser votre énergie dans un réservoir intarissable. Quand il le faudra, j'attirerai votre attention sur le centre

spécifique sur lequel une posture donnée agit le plus à un moment précis. Mieux vous comprendrez comment votre corps réagit en fonction des postures, des techniques respiratoires, de la relaxation et de la méditation, plus vous aurez conscience du mouvement et de la circulation de la kundalini shakti.

Les effets sont à peine perceptibles : un fourmillement, une sensation de chaleur ou de fraîcheur.

À long terme, ces effets se traduiront sur le plan physique par une plus grande vitalité, un meilleur équilibre dans les postures et, sur le plan émotionnel, par une plus grande créativité et de la compassion pour les autres.

Il est important de travailler simultanément tous les centres énergétiques afin de maintenir un équilibre harmonieux (que la future maman transmet au fœtus).

Sahasrara

Ajna

Vishuddhi

Anahata

Manipura

Swadisthana

Mooladhara

Ci-contre : kundalini shakti – l'énergie cosmique ou l'énergie de Dieu.

LA RELAXATION PROFONDE

LES ÊTRES HUMAINS NE SONT PAS FAITS POUR AFFRONTER LE XXIᵉ SIÈCLE. ILS N'ONT PAS ÉVOLUÉ SUFFISAMMENT RAPIDEMENT POUR FAIRE FACE AUX DEMANDES D'UN ENVIRONNEMENT OÙ TOUT VA VITE — TROP VITE —, OÙ LES INFORMATIONS FOISONNENT ET OÙ ILS SONT EN PERMANENCE SOUMIS À UNE PRESSION EXTÉRIEURE. EN TERME D'ÉVOLUTION, NOUS SOMMES TOUJOURS À L'ÂGE DE PIERRE. NOUS POUVONS PARFAITEMENT ASSUMER LA VIE DES CHASSEURS-CUEILLEURS MAIS PAS CELLE DES HOMMES D'AFFAIRES OU DES MÈRES QUI DOIVENT JONGLER ENTRE LEUR VIE PROFESSIONNELLE ET LEUR VIE PRIVÉE.

Notre système endocrinien gère relativement bien notre vie en libérant des hormones — messagers chimiques qui régulent notre métabolisme, nos humeurs, notre sexualité et notre instinct de survie. Lorsque ce système est parfaitement équilibré, nous sommes des individus positifs, curieux et heureux de vivre. Quand, pour une raison physique, psychique ou émotionnelle cet équilibre est perturbé ou lorsque que notre système endocrinien produit trop d'hormones, nous sommes stressés.

La vie moderne nous expose à une myriade de pressions à l'origine de problèmes qui échappent à notre contrôle. Notre système endocrinien produit alors un cocktail d'hormones qui prépare notre corps à un effort physique ou mental. À la différence de nos ancêtres, qui n'avaient à faire face qu'à des besoins à court terme, notre système endocrinien doit être prêt à surmonter des situations multiples ce qui, à long terme, se traduit par un état de stress chronique. Des taux trop élevés de cortisol ou hydrocortisone inhibent la réponse immunitaire et nous rendent particulièrement vulnérables aux infections. Ils peuvent être la cause de crises cardiaques, de cancers ou de pertes de mémoire. Selon des études récentes, le cortisol pourrait traverser le placenta, ce qui aurait une influence sur la manière dont le bébé gérera son stress dans sa vie future.

Au XXIᵉ siècle, le stress est l'une des principales causes des problèmes de santé. S'il est impossible d'échapper à cette réalité, chacun doit choisir la façon dont il pourra gérer ce problème. Accepter la routine de la vie est la solution de facilité. Ralentir son rythme de vie et passer à autre chose est beaucoup plus difficile.

SE PRÉPARER À UNE BONNE RELAXATION

Se relaxer ne veut pas forcément dire s'affaler devant la télévision. La relaxation est une activité consciente qui nécessite une préparation, une technique et une pratique régulière. Des cassettes audio ou vidéo, des CD et une multitude de livres diminuant ou inhibant les signaux émis par nos sens sont régulièrement mis sur le marché.

La pratique du yoga doit être régulière et ininterrompue (pages 10-11), de plus, il est impératif de créer un environnement adéquat et d'avoir une bonne posture. Plusieurs autres facteurs entrent en ligne compte : votre condition physique, le stade de votre grossesse et la fréquence à laquelle vous faites vos exercices de relaxation. Les Occidentaux habitués à s'asseoir sur une chaise manquent de souplesse au niveau des ligaments, ce qui rend certaines postures — comme le lotus (padmasana) — assez difficiles, voire inconfortables. Si vous ne pouvez pas réaliser certaines de celles pour lesquelles vous devriez être assise sur le sol, asseyez-vous sur une chaise, le dos bien droit appuyé contre le dossier, ou allongez-vous sur le dos. La posture du cadavre (savasana) (page 20) ou la posture illustrée ci-dessous sont tout à fait adaptées aux femmes enceintes.

LIBÉRER SON ESPRIT

Diminuez les agressions visuelles ou auditives. Fermez les yeux, optez pour une lumière tamisée et une musique de fond douce. Relâchez toutes les tensions de votre corps et libérez votre esprit. La pratique du yoga nidra (pages 20-21) vous permet de détendre peu à peu chacune des parties de votre corps.

Dès lors, soit vous vous endormez parce que votre corps a reçu les différents signaux pour se fermer, soit – ce qui est plus rare – votre conscience est libérée de toute identification avec votre corps et vous êtes dans un état de somnolence. Vous êtes consciente d'être une entité sans pour autant qu'il y ait une identification corporelle. C'est la première étape d'un état appelé pratyahara ou détachement sensuel indispensable pour avancer dans la pratique du yoga.

À ce moment, votre esprit est rempli de pensées qui peut-être vous alarmeront si vous atteignez pour la première fois ce niveau de conscience. Restez calme. Toutes vos pensées vont s'articuler alors que vous êtes dans un sommeil conscient – ou sommeil éveillé. Vous aurez peut-être ce que vous estimez être de « bonnes » ou de « mauvaises » pensées et défileront une succession d'images provenant du subconscient. Ne soyez pas effrayée et ne vous laissez pas submerger. Imaginez que vous regardez un film projeté sur un écran se trouvant derrière vos yeux fermés (chidakasha – l'espace de la conscience). Ne vous laissez pas emporter par les pensées les plus agréables (souvenirs heureux, fantasmes, etc.) et essayez de repousser toutes les pensées désagréables (mauvaises images de soi, sentiments de colère, etc.) ; ayez la même attitude face à ces deux « imposteurs » et contentez-vous d'être observatrice. Plus vous ferez appel aux techniques de visualisation et de concentration, moins les pensées de ce type viendront vous perturber.

LA FORCE DE L'ESPRIT

Une relaxation profonde est un moment privilégié qui vous permet – alors que vous êtes dans un état second sur les plans physique, psychique et émotionnel – de prendre des décisions positives que vous aimeriez mettre en place dans votre vie. Ce pouvoir de suggestion peut neutraliser les habitudes dévastatrices. La résolution formulée mentalement (sankalpa) est une déclaration d'intention. Choisissez un objectif que vous pouvez réaliser à court terme, quelque chose qui a trait à votre santé ou à la santé de l'enfant que vous portez. Cela peut être sur le plan physique : « Je prends la décision de faire des exercices physiques » ou sur le plan spirituel : « Je prends la décision d'être plus consciente ». Ces résolutions prises peuvent transformer votre vie.

Ci-contre : Cette posture allongée est parfaitement adaptée aux femmes enceintes.

LA PRATIQUE DU YOGA NIDRA

LE YOGA NIDRA EST UNE TECHNIQUE DE RELAXATION EN PROFONDEUR MISE AU POINT PAR PARAMAHANSA SATYANANDA ; ELLE S'APPUIE SUR LES TEXTES TANTRIQUES LES PLUS ANCIENS. LA ROTATION SYSTÉMATIQUE DE LA CONSCIENCE FAVORISE UNE RELAXATION PHYSIQUE, MENTALE ET ÉMOTIONNELLE EN PROFONDEUR. NORMALEMENT, LORSQUE VOUS VOUS ALLONGEZ POUR DORMIR ET VOUS DÉTACHER DES STIMULI EXTÉRIEURS, VOUS FINISSEZ PAR SOMBRER DANS LE SOMMEIL. LE YOGA NIDRA, QUI FAIT APPEL À LA CONCENTRATION ET À LA CONSCIENCE, VOUS PERMET DE CONNAÎTRE L'ESPACE ENTRE LE SOMMEIL ET L'ÉTAT DE VEILLE. VOTRE ESPRIT FAIT ALORS LA DIFFÉRENCE ENTRE LE SOMMEIL ÉVEILLÉ ET LE SOMMEIL ENDORMI.

Le yoga nidra, également appelé yoga du rêve éveillé, utilise le sommeil et le rêve. Cette technique millénaire où l'on se déplace à l'intérieur de son corps en visualisant muscles, os et tendons les uns après les autres permet d'atteindre un état de détente totale. Il ne s'agit pas de s'endormir mais de garder son esprit en éveil pour réussir à travailler les rêves qui surgissent à ce moment-là. Le yoga nidra est particulièrement indiqué aux insomniaques et aux migraineux et à toutes les personnes qui sont victimes du stress.

Vous pouvez soit enregistrer la séance décrite ci-contre sur une cassette audio que vous écouterez jusqu'à ce que vous la sachiez et puissiez la répéter mentalement, soit demander à une amie de vous servir de guide jusqu'à ce que vous soyez à même de pratiquer cette séance seule. Une fois que vous maîtrisez la séance, ne changez rien à son déroulement et souvenez-vous qu'il est primordial que vous restiez éveillée et consciente tout au long de l'exercice. Si les premières fois vous vous endormez, ne vous découragez pas. Avec de la persévérance, vous réussirez à franchir ce cap.

Vous êtes allongée sur le dos dans la posture du cadavre ou savasana (voir ci-dessous). Vos bras sont tendus mais souples et dégagés du torse. Vos paumes sont tournées vers le haut. Vos doigts sont décontractés et légèrement repliés vers l'intérieur des paumes. Votre tête et vos pieds sont alignés. Vos jambes sont écartées de la largeur des hanches. Fermez doucement les yeux. Respirez naturellement par le nez. Ne bougez pas et prenez conscience de chacune des parties de votre corps en partant de la tête pour descendre jusqu'aux orteils.

Prononcez mentalement le nom de chacune des parties de votre corps en commençant par le pouce droit. Au fur et à mesure que vous les énumérez, vous prenez conscience de chacune d'entre elles et vous éliminez toutes les tensions dans les zones tendues. Marquez une pause d'une ou deux secondes entre chaque partie du corps. Prenez tout votre temps.

« Pouce droit (pause), index (pause), majeur (…), annulaire (…), auriculaire (…), paume (…), dessus de la main (…), poignet (…), avant-bras (…), coude (…), bras (…), épaule (…), aisselle (…), flanc (…), hanche (…), cuisse (…), genou (…), arrière du genou (…), tibia (…), mollet (…), cheville (…), talon (…), plante du pied (…), cou-de-pied (…), gros orteil (…), deuxième orteil (…), troisième orteil (…), quatrième orteil (…), petit orteil »

Recommencez l'exercice en partant du pouce gauche puis concentrez-vous sur les différentes parties de votre dos.

« Omoplate droite (…), omoplate gauche (…), fesse droite (…), fesse gauche (…), colonne vertébrale (…), le dos dans son ensemble ».

Concentrez-vous ensuite sur :
« Le sommet de la tête (…), le front (…), les tempes (…), le sourcil droit (…), le sourcil gauche (…), l'espace entre les deux sourcils (…), la paupière droite (…), la paupière gauche (…), l'œil droit (…), l'œil gauche (…), l'oreille droite (…), l'oreille gauche (…), la joue droite (…), la joue gauche (…), le menton (…), la gorge (…), le côté droit de la poitrine (…), le côté gauche de la poitrine (…), le milieu de la poitrine (…), le nombril (…), l'abdomen ».

Puis sur :
« La jambe droite (…), la jambe gauche (…), les deux jambes ensemble (…), le bras droit (…), le bras gauche (…), les deux bras ensemble (…), le dos (…), les fesses (…), la colonne vertébrale (…), les omoplates (…), le devant du corps (…), l'abdomen (…), la poitrine (…), le devant et le derrière du corps (…), la tête (…), tout le corps (…), tout le corps (…), tout le corps ».

À ce stade – et de plus en plus rapidement si vous pratiquez régulièrement –, vous ne devriez plus vous laisser distraire par les stimuli extérieurs. Vous devez être capable de vous concentrer sur votre respiration naturelle, visualiser une image ayant une valeur symbolique et formuler mentalement une résolution (sankalpa ; page 19). Une fois l'exercice terminé, bougez lentement vos doigts, vos mains, etc. et reprenez conscience de votre corps. Votre séance de yoga nidra est achevée.

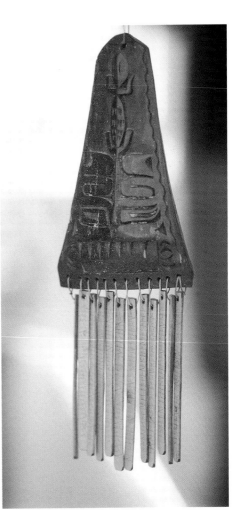

POSTURE, MAINTIEN ET ÉQUILIBRE

SURVEILLEZ VOTRE POSTURE ET APPLIQUEZ LES RECOMMANDATIONS DE BASE DU YOGA AUX MOUVEMENTS QUOTIDIENS. RESPECTER CES RÈGLES VOUS AIDERA À MAINTENIR EN BON ÉTAT VOS ARTICULATIONS, À TONIFIER VOS MUSCLES MAIS AUSSI À NE PLUS RESSENTIR DE FATIGUE GÉNÉRALE, À REVIGORER VOTRE CERVEAU, À CALMER VOS NERFS ET À RÉGULER VOTRE TENSION ARTÉRIELLE.

S'ASSEOIR CORRECTEMENT

Nombreuses sont les personnes qui, lorsqu'elles sont assises, sont littéralement avachies sur leur siège. Lorsque vous êtes assise ou debout, ne mettez pas tout le poids de votre corps sur vos articulations et veillez à ce qu'il n'y ait aucune tension au niveau de votre abdomen risquant de comprimer votre bébé.

1

La posture assise

Asseyez-vous en collant vos vertèbres lombaires au dossier de la chaise. Vos jambes sont légèrement écartées. Vos pieds sont à plat sur le sol ou, mieux, sont posés sur un ou plusieurs livres. Penchez-vous légèrement en avant afin que l'air pénètre dans la partie inférieure de vos poumons. « Grandissez-vous » en étirant au maximum votre colonne vertébrale. Basculez légèrement votre os pubien vers l'avant pour aligner votre bassin et asseyez-vous sur votre anus. Votre tête est dans l'alignement de la colonne vertébrale. Vos bras sont décontractés et vos mains sont à plat sur vos cuisses.

2

Se préparer à se lever

Avancez-vous au bord du siège. Décollez le talon gauche du sol et appuyez-vous sur la partie antérieure de la plante du pied. Laissez vos mains sur vos genoux afin de stabiliser le mouvement. Votre tête est immobile.

3

Se lever sans effort

Pour vous lever, poussez sur votre pied gauche et vos cuisses. Répartissez le poids de votre corps sur vos deux pieds. Vos bras sont le long du corps.

4

S'asseoir sans effort

Approchez-vous le plus près possible du siège. Le talon gauche est décollé du sol. Vous appuyez sur la partie antérieure de la plante du pied. L'arrière de la jambe est contre la chaise. Baissez lentement votre corps en contractant les muscles des cuisses. Le dos est droit.

SE TENIR DEBOUT
CORRECTEMENT : LA MONTAGNE

La posture qui, a priori, est la plus naturelle – à savoir se tenir debout droite et immobile – semble être l'une des plus difficiles à exécuter et à maintenir. La posture de la montagne, ou tadasana, qui implique des positionnements précis, des extensions et des alignements corrects, regroupe tous les principes de base que l'on retrouve dans chacune des postures du yoga et prépare à la réalisation de postures plus complexes. La montagne permet de mesurer les progrès réalisés au cours des séances.

5

Vous êtes debout face à un mur ou à un miroir dans lequel vous pouvez vous voir entièrement, les pieds joints, les orteils et les talons parfaitement alignés. Si possible, collez les bords externes des deux gros orteils et les os des chevilles. Le poids de votre corps est également réparti sur les bords interne et externe des deux pieds afin que les deux voûtes plantaires soient levées lorsque votre corps prend la bonne posture. Ne vous enfoncez pas dans le sol.

6

Ne laissez pas reposer le poids de votre corps sur vos chevilles, tendons d'Achille, genoux et hanches. Étirez votre colonne vertébrale au maximum. Tirez vos genoux vers l'arrière, abaissez votre diaphragme et bombez le torse en même temps, tirez vos épaules vers l'arrière et vers le bas.

7

Laissez vos bras pendre librement le long du torse en les tournant légèrement afin que les biceps et le pli du coude soient dirigés vers l'avant tandis que la paume des mains est dirigée vers le corps.

8

Serrez les fessiers et contractez l'anus afin de basculer le coccyx (la base de la colonne vertébrale) et le sacrum (au centre du bassin) en avant et vers le haut.

Pour parfaire le mouvement, étirez votre nuque à partir d'un point se situant entre les deux omoplates. Le menton est perpendiculaire à la poitrine et le dessus des oreilles juste au-dessus des lobes. Relâchez les muscles faciaux et votre mâchoire. Fixez un point devant vous et respirez naturellement. Visualisez votre corps droit et immobile comme une montagne.

LE PROGRAMME PRÉNATAL

1

Serrer et ouvrir les poings

Vous êtes debout dans la posture de la montagne (tadasana ; page 23). Pour avoir plus d'équilibre, collez les talons et écartez les orteils. Expirez puis inspirez en levant gracieusement les bras en avant puis vers le haut jusqu'à ce qu'ils forment un « V ». Les paumes sont tournées l'une vers l'autre. Vous ouvrez votre poitrine et votre cage thoracique. Votre dos est droit et vos épaules décontractées. Tournez vos poignets vers l'avant et expirez en serrant les poings (voir 1a).

Prenez conscience de chacune des parties de votre corps. Vous ne devez pas vous concentrer uniquement sur vos mains.

Inspirez le plus naturellement possible en ouvrant vos poings et en tendant vos doigts vers le haut (voir 1b). Expirez à nouveau et serrez les poings. Serrez et ouvrez les poings trois fois de suite (ou plus si vous le pouvez).

Lorsque la séance est terminée, inspirez et tournez vos paumes l'une vers l'autre. Expirez et baissez gracieusement vos bras jusqu'au-dessous de la ligne des épaules en tournant les paumes vers le bas. Revenez à la position initiale. Respirez naturellement une ou deux fois avant de passer à l'exercice suivant.

Conservez une impression de volume au niveau de la poitrine et de la cage thoracique.

2

Rotations des coudes

Expirez puis inspirez en levant vos avant-bras jusqu'à ce que vos doigts touchent vos épaules. Expirez en faisant des rotations des coudes vers le bas puis vers l'avant jusqu'à ce qu'ils se touchent légèrement. Le mouvement ne doit pas être saccadé. Lorsque vous montez les coudes, inspirez, bombez le torse et dilatez la cage thoracique. Ramenez les coudes en arrière et revenez à la position initiale. Expirez en amenant les coudes en avant jusqu'à ce qu'ils se touchent et inspirez en terminant le mouvement vers le haut. Expirez et inspirez en agrandissant les cercles six fois de suite. Revenez à la position initiale et respirez naturellement.

3

Rotations des hanches

Vous êtes debout, les jambes légèrement écartées. Respirez naturellement et fléchissez les genoux en poussant les hanches vers la droite et en pointant vos doigts dans la direction opposée (voir 3a). Posez vos mains sur votre bassin et faites une rotation vers l'arrière afin de ramener les hanches vers la gauche (voir 3b). Les doigts pointent toujours dans la direction opposée. Posez à nouveau vos mains sur votre bassin et revenez à la position initiale. Faites trois rotations dans le sens des aiguilles d'une montre et trois rotations dans le sens contraire. Cet exercice assouplit les hanches et le bassin.

1a

1b

2

3a

3b

4

Position debout : élévation du bassin

Vous êtes debout, les jambes légèrement écartées et les mains posées délicatement sur les os iliaques. Fléchissez les genoux et penchez légèrement le torse en avant (voir 4a). Inspirez en amenant les mains sur les fesses. Expirez en contractant les muscles pelviens et en serrant les fessiers ; le coccyx (à la base de la colonne vertébrale) et le sacrum (au centre du bassin) étant basculés vers l'avant et vers le haut (voir 4b). Maintenez quelques secondes. Vous sentez un étirement au niveau du bassin. Inspirez et revenez à la position initiale. Répétez l'exercice six fois de suite. Écartez un peu plus les jambes (de la largeur du bassin) et faites une autre série de six.

5

Pliés

Cet exercice tonifie les adducteurs et les hanches et développe le maintien, la grâce et l'équilibre. Vous êtes debout. Vos talons se touchent, les orteils sont tournés vers l'extérieur. Au début, prenez appui sur un évier, une table ou le dossier d'une chaise (voir 5a). Inspirez puis expirez en fléchissant les genoux. Descendez lentement jusqu'à ce que vos jambes forment un losange (voir 5b). Votre colonne vertébrale est droite. Votre bassin n'est pas en arrière. Vos fesses sont rentrées. Inspirez en vous redressant. Faites une série de six en synchronisant le mouvement et votre respiration. Écartez un peu plus vos jambes et tournez encore plus vos orteils vers l'extérieur. Fléchissez les jambes en amenant vos rotules au-dessus des petits orteils (voir 5c). Faites une nouvelle série de six.

4a

4b

5a

5b

5c

6

Position assise : élévation du bassin

Vous êtes assise, les fesses sur le bord de la chaise. Vos pieds sont légèrement écartés et à plat sur le sol. Vos mains sont à plat sur vos cuisses (voir 6a). Inspirez puis expirez en basculant le bassin vers l'arrière. Serrez les fessiers, le coccyx et le sacrum et contractez les muscles pelviens. Le menton est décontracté et pointe vers la poitrine sans toutefois être projeté vers l'arrière (voir 6b). Inspirez puis revenez à la position initiale. Répétez l'exercice six fois de suite. Posez les paumes sur les os iliaques. Inspirez et contractez les muscles pelviens comme si vous vouliez les faire monter au premier étage d'un immeuble imaginaire (voir 6c). Expirez et relâchez les muscles pelviens pour leur faire « redescendre un étage ». Faites une série de six.

6a

6b

6c

7a

7b

7c

7d

7

Position en quadrupédie : élévation du bassin

Cet exercice tonifie les muscles pelviens et les bras et décontracte les zones tendues du cou et des épaules. Placez-vous à quatre pattes, les jambes écartées l'une de l'autre de la largeur du bassin et à la verticale des hanches. Les bras sont perpendiculaires aux épaules. Les coudes sont contractés. Les biceps et le coude sont tournés vers l'avant. Les paumes sont à plat sur le sol. La tête est dans le prolongement de la colonne vertébrale (voir 7a). Inspirez, puis expirez en contractant les muscles pelviens afin de basculer le bassin vers l'avant puis vers le haut et enroulez la colonne vertébrale comme le font si bien les chats lorsqu'ils se réveillent (voir 7b). Rentrez la tête et ramenez le menton vers la poitrine. Si possible appuyez-vous sur le bout de vos doigts (voir 7c). Inspirez, posez vos mains à plat sur le sol et revenez à la position initiale. Répétez l'exercice – antéversion et rétroversion du bassin – six fois de suite. Revenez à la position initiale. Inspirez puis expirez en ramenant vos mains vers la droite afin qu'elles soient parallèles aux pieds (voir 7d). Étirez vos muscles au maximum, inspirez et ramenez les mains à la position initiale. Refaites le mouvement sur la gauche. Répétez l'exercice cinq fois de suite en changeant de côté.

8a

8

Rotations des chevilles

Cet exercice tonifie et étire les muscles des jambes et élimine les tensions au niveau des chevilles, des genoux et des hanches. Si vos chevilles sont enflées, cet exercice vous est fortement recommandé. Vous êtes assise sur le sol, le dos droit. Vos bras sont tendus en arrière, les bouts des doigts sont sur le sol. Respirez naturellement. Le pied gauche est tendu, le pied droit en flexion. Inversez la position des pieds (voir 8a). Le pied tendu doit être le plus près possible du sol alors que le pied en flexion doit être légèrement décollé du sol. Faites au minimum une série de dix. Revenez à la position initiale. Les jambes sont écartées l'une de l'autre de la largeur des hanches. Respirez naturellement. Faites des rotations du pied droit dans le sens des aiguilles d'une montre et du pied gauche dans le sens contraire (voir 8b). Les cercles sont larges, le mouvement est lent. Soyez concentrée tout au long de l'exercice. Faites une série de dix. Faites une autre série de dix en inversant le sens des rotations (voir 8c). Rapprochez les talons et faites dix rotations pieds joints dans le sens des aiguilles d'une montre puis dix rotations dans le sens contraire (voir 8d).

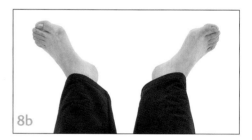

8b

8c

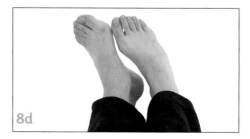

8d

9a

9b

9c

10

9

Le papillon

La posture du papillon assouplit vos ligaments, ce que vous apprécierez le jour de l'accouchement. C'est également un exercice indispensable qui vous prépare à la posture du lotus (padmasana). Vous êtes assise sur le sol, le dos droit. Les bras sont tendus vers l'arrière, le bout de vos doigts repose sur le sol. Les jambes sont fléchies et forment un losange (voir 9a). Penchez-vous lentement en avant. Prenez vos orteils entre vos mains et collez les plantes des pieds l'une contre l'autre. Ramenez les pieds le plus près possible de votre ceinture pelvienne. Le dos reste plat et la colonne vertébrale parfaitement droite (voir 9b). Respirez naturellement. Soulevez puis ramenez les genoux vers le sol en imitant le battement des ailes d'un papillon. Vous sentez un étirement au niveau des ligaments en haut des adducteurs. Faites les mouvements pendant environ 30 secondes en gardant les plantes des pieds jointes. Lorsque que vos ligaments sont bien échauffés, inspirez puis expirez en exerçant une forte pression des coudes sur les genoux (voir 9c). Maintenez la position, inspirez puis revenez à la position initiale. Recommencez l'exercice pendant 30 secondes ou plus.

10

Position couchée : élévation du bassin (antéversion et rétroversion du bassin)

Vous êtes allongée sur le sol, la tête sur un coussin ou une serviette de toilette pliée. Les genoux sont fléchis, les jambes sont écartées et dans le prolongement des hanches. Les bras sont le long du corps. Les paumes sont tournées vers le haut. Expirez puis inspirez en décollant le bas du dos et la cage thoracique du sol et en basculant le bassin vers le haut. Expirez en contractant doucement les muscles pelviens et en enfonçant le dos dans le sol tout en l'étirant au maximum. Maintenez et répétez l'exercice six fois.

LES DIFFÉRENTES TECHNIQUES RESPIRATOIRES DU YOGA

L'AIR CONTIENT NON SEULEMENT DE L'OXYGÈNE MAIS ÉGALEMENT LE FLUX UNIVERSEL D'ÉNERGIE (PRANA, CHI OU KI). L'AIR INHALÉ PÉNÈTRE DANS LES POUMONS ET DANS LE SANG VÉHICULÉ DANS CHACUNE DES CELLULES DE NOTRE ORGANISME. NOTRE RESPIRATION EST SUPERFICIELLE — NOUS N'UTILISONS ENVIRON QU'UN SIXIÈME DE NOTRE CAPACITÉ PULMONAIRE —, AUTOMATIQUE ET INCONSCIENTE. LE YOGA PERMET DE CANALISER ET MAÎTRISER LA RESPIRATION GRÂCE À DIFFÉRENTES TECHNIQUES.

La respiration complète vous permet de contrôler votre respiration, de vous débarrasser de vos mauvaises habitudes et d'augmenter l'apport en oxygène prélevé dans le sang maternel et véhiculé jusqu'au bébé par le cordon ombilical.

Pour pratiquer la respiration complète, vous devrez vous familiariser avec un vocabulaire spécifique. La zone abdominale est la partie inférieure du tronc qui se trouve sous l'estomac, qui comprend le gros intestin et dont le centre est le nombril. La zone thoracique fait référence aux alvéoles qui se trouvent dans les poumons protégés par la cage thoracique. La zone claviculaire comprend les côtes supérieures et toute la zone autour des deux clavicules.

EXERCICES RESPIRATOIRES

1

La respiration abdominale

Vous êtes à genoux sur un tabouret de méditation ou sur une couverture pliée ou roulée, le dos droit. Penchez-vous lentement en avant à partir de la base de la colonne vertébrale. Si vous êtes novice, posez vos mains sur votre abdomen juste au-dessus du nombril. Vos majeurs se touchent. Vous sentez votre abdomen se dilater et se contracter. Expirez puis inspirez lentement afin que l'air pénètre dans les alvéoles qui se trouvent dans la partie inférieure des poumons. Votre abdomen se gonfle. Les majeurs ne se touchent plus. Votre cage thoracique et votre poitrine ne doivent pas se dilater. Expirez lentement. Le diaphragme remonte alors que l'abdomen redescend. Vos majeurs se touchent à nouveau. Répétez l'exercice six fois de suite. Si vous le souhaitez, expulsez l'air par la bouche en faisant « Ah ».

2

La respiration thoracique

Posez vos mains de chaque côté de la cage thoracique. Vos doigts se touchent. Inspirez sans utiliser votre diaphragme et sans dilater votre cage thoracique. Vos côtes ressortent et remontent alors que l'air pénètre dans vos poumons. Expirez en relâchant les muscles de votre poitrine. Vous sentez vos poumons se vider. Répétez l'exercice six fois de suite. Si vous le souhaitez, expulsez l'air par la bouche en faisant « Oh ».

3

La respiration claviculaire

Posez vos mains sur les clavicules. Inspirez en faisant appel à la technique de la respiration thoracique. Lorsque vos poumons sont complètement dilatés, inspirez un peu plus. Les épaules et les clavicules remontent légèrement. Expirez lentement en libérant l'air emprisonné dans votre cage thoracique puis videz totalement la partie supérieure de votre poitrine. Si vous le souhaitez, expulsez l'air par la bouche en faisant « Hum ».

LA RESPIRATION COMPLÈTE

Cette technique combine les respirations abdominale, thoracique et claviculaire. Si vous maîtrisez ces trois techniques, il n'est pas nécessaire de poser vos mains sur votre torse. Soyez parfaitement décontractée et ne faites aucun bruit. Votre respiration doit être douce et lente et rappeler le murmure des vagues sur le sable.

Vous êtes à genoux sur le sol. Vos mains sont posées sur les cuisses ou sont dans la position chin mudra (la paume est ouverte, le pouce et l'index forment un cercle). Inspirez lentement et profondément avec le diaphragme et gonflez l'abdomen. Lorsque l'abdomen est gonflé au maximum, continuez à inspirer pour gonfler votre cage thoracique puis, toujours sans cesser d'inspirer, remplissez d'air la zone claviculaire. Expirez. Le diaphragme remonte, l'abdomen se contracte, la cage thoracique se vide et l'air vicié est expulsé de la zone claviculaire. Répétez l'exercice dix fois. Si vous le souhaitez, expulsez l'air par la bouche en faisant « Ah-Oh-Hum ». Ce son est celui qui se rapproche le plus du son sacré de l'univers.

EXERCICES RESPIRATOIRES

LA RESPIRATION TRIOMPHANTE

Ujjayi est l'un des plus simples prananyamas. Cet exercice s'adresse aux initiées comme aux novices et peut être pratiqué dans n'importe quelle position ; il soulage le corps, calme le système nerveux et apaise l'esprit. Il permet de mettre fin aux troubles du sommeil, notamment l'insomnie, et est particulièrement recommandé aux personnes souffrant d'hypertension artérielle.

Imaginez que vous inspirez et expirez non pas par les narines mais par la gorge. Contractez doucement la glotte jusqu'à ce que vous entendiez un léger ronflement rappelant la respiration d'un bébé endormi.

LA RESPIRATION COMPLÈTE

les premiers mois de la grossesse

CONSEILS PRATIQUES

AU COURS DU PREMIER TRIMESTRE DE LA GROSSESSE SOIT JUSQU'À LA 14ᵉ SEMAINE, VOUS SEREZ PEUT-ÊTRE CONFRONTÉE À PLUSIEURS CHANGEMENTS PHYSIQUES, ÉMOTIONNELS OU PSYCHIQUES QUI VOUS AFFECTERONT PLUS OU MOINS SELON QUE VOUS ÊTES PEU OU BIEN PRÉPARÉE POUR Y FAIRE FACE.

Inutile de vous alarmer ! Une pratique régulière du yoga vous aidera à accepter et à gérer ces différents bouleversements. Des remèdes naturels et des recommandations provenant de différentes sources – anciennes ou modernes – vous seront, dans certains cas, bénéfiques.

LA NAUSÉE DU MATIN

Certaines femmes enceintes – même si cela est très rare – ont la malchance de voir ces nausées « du matin » persister tout au long de la journée et ce du début à la fin de la grossesse. Heureusement, dans la majorité des cas, ces nausées – qui sont dues à des modifications hormonales – s'atténuent, voire disparaissent, lorsque le placenta assure la production de certaines hormones, soit entre la 12ᵉ et la 14ᵉ semaine. Voici quelques conseils pour empêcher ou tout au moins diminuer les nausées :

• le matin, buvez à jeun quelques gorgées d'eau froide ou d'eau chaude.
• Si vous mangez des œufs au petit déjeuner, assurez-vous qu'ils sont frais et veillez à ce qu'ils soient bien cuits.
• Buvez de l'eau minérale ou des infusions de gingembre, de menthe poivrée ou de camomille.
• Mangez des fruits frais (poires, pêches, nectarines, bananes bien mûres et raisin épépiné) et ajoutez du gingembre à vos plats cuisinés.
• Pour que le taux de sucres dans le sang reste stable, faites des repas moins copieux mais plus fréquents. Les gourmandes pourront de temps en temps se régaler avec des gâteaux secs à base de son et de flocons d'avoine.
• Évitez les boissons dites non sucrées et les boissons gazeuses, la saccharine, les fromages au lait entier, le foie ou les aliments transformés très épicés, riches en matières grasses et en acides.
• Ne consommez pas d'alcool. Ne fumez pas et évitez les lieux enfumés, notamment au cours des premiers mois de la grossesse. Les dangers de l'alcool et du tabac sont aujourd'hui évidents.
• Ne prenez pas de médicaments contre les nausées et les vomissements sans avis médical.
• Apprenez à localiser les points d'acupuncture et de shiatsu afin de diminuer les symptômes.

LES TROUBLES DIGESTIFS

Ci-dessous quelques conseils qui vous aideront à prévenir les troubles digestifs :

• à table, asseyez-vous le dos droit. Appuyez-vous contre le dossier de la chaise afin que l'appareil digestif ne soit pas comprimé.
• Mâchez soigneusement vos aliments. Ne vous agitez pas avant que la digestion ne soit terminée.
• Ne buvez pas en mangeant. Buvez 10 minutes avant les repas ou 15 minutes après.
• Ne mangez pas en même temps des protéines et des féculents.
• Ne dormez pas à plat mais sur un oreiller. Vous éviterez ainsi les problèmes de digestion et les brûlures d'estomac.

LES PROBLÈMES URINAIRES

Les femmes enceintes ont souvent envie d'uriner. Ce besoin est tout à fait normal durant les premiers et les derniers mois de la grossesse, d'une part parce que les reins ont un surcroît de travail et que les déchets doivent être éliminés et, d'autre part, parce qu'en grandissant le bébé appuie sur la vessie.

• Lorsque vous urinez, penchez-vous légèrement en avant afin de vider complètement votre vessie.
• Si vous ne voulez pas vous lever la nuit, évitez de boire après 16 h 00.
• Buvez dans la journée mais évitez les produits diurétiques (agents stimulant la sécrétion de l'urine), notamment le thé, les infusions et le café.

LA FATIGUE

L'organisme a besoin de temps pour s'accoutumer aux divers changements liés à la grossesse ; cette adaptation peut entraîner un état de fatigue générale. Pour surmonter cette lassitude, vous devrez parfois modifier votre mode de vie :

• essayez de vous relaxer et accordez-vous plus de temps pour accomplir les tâches qui incombent dans la journée.
• La nuit, si vous souffrez d'insomnies, essayez les différentes techniques de relaxation et reposez-vous dans la journée. Une sieste, ne serait-ce que de 20 minutes, est souvent réparatrice.
• Chaque jour, efforcez-vous de faire une promenade. Le grand air vous fera du bien et la marche tonifiera vos muscles pelviens.
• Le taux de sucres dans votre sang doit rester stable. Optez pour des repas moins copieux mais plus fréquents.
Si vous avez un petit creux, mangez une banane et un yaourt mélangés avec du son et du miel ou une bouillie de flocons d'avoine avec du miel et du sirop d'érable. Ces aliments très énergétiques stimuleront votre organisme.
• Ne sautez jamais de repas.

LES SEINS DOULOUREUX

Les seins douloureux sont l'un des premiers signes de la grossesse. Si la douleur est trop intense, essayez l'un ou l'autre des remèdes suivants :
• appliquez un morceau de flanelle chaude ou froide ou un paquet de petits pois congelés sur vos seins.
• Massez doucement vos seins. Les massages soulagent la douleur et tonifient les seins.
• Diminuez votre consommation de thé et de café, riches en caféine.
• Si vous souhaitez allaiter votre bébé, ne lavez pas vos seins avec du savon, ce qui risque d'assécher le mamelon.

POSITIONS DU BASSIN

SI VOUS ÊTES NOVICE, JE VOUS RECOMMANDE LES EXERCICES PROPOSÉS DANS LES PAGES SUIVANTES. LE BASCULEMENT DU BASSIN ET LA POSTURE DE L'HORLOGE DÉCONTRACTENT VOTRE CORPS ET COMPLÈTENT LES EXERCICES PRÉNATAUX DESTINÉS AU RENFORCEMENT DES MUSCLES PELVIENS. LA POSTURE DE L'HORLOGE EST UN EXERCICE PARTICULIÈREMENT RECOMMANDÉ APRÈS L'ACCOUCHEMENT. LES MASSAGES VOUS AIDERONT À RETROUVER VOTRE FORME.

Les exercices présentés ci-contre assouplissent le bassin, soulagent les douleurs lombaires, stimulent le drainage au niveau des jambes et, par conséquent, contribuent à lutter contre l'apparition des varices. Les massages de l'abdomen permettent de combattre la constipation et d'éviter la formation d'hémorroïdes tout en soulageant les tensions au niveau des articulations des hanches, des genoux et des chevilles. Ces exercices peuvent être pratiqués tout au long de la grossesse. Pour plus de confort, soutenez votre tête et vos épaules avec des coussins.

Plus vous serez concentrée et aurez conscience des chakras en tant que source d'énergie, mieux vous comprendrez la posture que vous réalisez et plus cette posture sera efficace. Pour cette séance, concentrez-vous sur les chakras muladhara et swadhisthana (page 17).

Essayez d'imaginer : « Il y a plus important dans la vie que la mesure de la vitesse et du temps ».

1

L'élévation du bassin
Vous êtes allongée sur le sol. Glissez un coussin sous votre tête ou roulez une petite serviette de toilette sous votre cou. Si vous avez les cheveux longs, mettez-les sur le côté. Allongez vos jambes sur le siège d'une chaise. Si vos pieds sont plus bas que vos genoux, surélevez-les avec un coussin. Votre esprit s'apaise. Votre corps est immobile. Dans cette posture dérivée de la posture du cadavre – ou savasana –, tous vos muscles y compris les muscles du visage se décontractent. Respirez naturellement. Expirez puis inspirez en comptant jusqu'à cinq dans votre tête et en décollant le bas du dos du sol. Bombez le torse et élevez votre bassin. Expirez en comptant jusqu'à cinq et en ramenant le bas du dos sur le sol. Rentrez le bassin. Répétez le mouvement six fois de suite.

2

L'horloge
Vous êtes dans la même posture que pour l'exercice précédent. Vos mains sont à plat sur vos hanches. Respirez naturellement. Collez les plantes des pieds l'une contre l'autre. Vos jambes forment un losange. Imaginez que le bas de votre dos est une horloge. Appuyez sur votre nombril comme pour le faire entrer dans le sol (12 h 00). Votre dos est toujours collé au sol. Appuyez et accentuez la pression à l'arrière de votre hanche gauche (3 h 00). Continuez à exercer une pression en suivant un cercle qui passe au niveau du coccyx (6 h 00) puis remontez vers la droite (9 h 00) et revenez au nombril (12 h 00). Ce mouvement masse vos muscles pelviens et stimule votre bassin.
Faites six tours dans le sens des aiguilles d'une montre et six tours dans le sens contraire.
Revenez à la position initiale et décontractez-vous en respirant naturellement.

1

2

LE PONT

LE PONT EST DÉRIVÉ DE LA POSTURE SETU BANDHASANA. ALORS QUE VOUS COURBEZ LE DOS, VOTRE COLONNE VERTÉBRALE S'ÉTIRE ET FORME UNE LONGUE COURBE DOUCE QUI SYMBOLISE L'ESPRIT DE L'HOMME ET RELIE LE PHYSIQUE ET LE MENTAL.

La posture du pont étire et renforce les abdominaux et les muscles du dos, assouplit le dos et tonifie les poignets. La pression exercée à l'arrière des côtes stimule les reins et, par conséquent, a un effet diurétique. La contraction musculaire du menton (bandha) stimule la circulation du sang autour de la thyroïde. Lorsque vous revenez à la position allongée, le sang se propage dans les glandes situées au niveau du cou et stimule le métabolisme.

Concentrez-vous sur le chakra manipura (page 17), autour du nombril.

Essayez d'imaginer : « Je suis un lien souple ».

1

Vous êtes allongée à plat sur le sol, les genoux fléchis et les pieds dans l'alignement des hanches. Expirez puis inspirez en comptant jusqu'à cinq et en décollant votre tronc du sol et en décrivant un arc avec votre corps.

2

Expirez et croisez vos doigts. Inspirez. Décontractez vos épaules et tendez les bras en direction des pieds afin qu'ils forment un triangle avec vos épaules. Serrez les omoplates et ouvrez la poitrine. Serrez les fessiers. Poussez vos hanches vers le haut en tirant sur votre dos. Maintenez la posture pendant environ deux ou trois respirations naturelles.

3

Inspirez. Décollez les talons du sol et prenez appui sur la partie antérieure de la plante des pieds. Expirez, soutenez vos hanches et le bas de votre cage thoracique avec les mains. Maintenez l'étirement pendant deux ou trois respirations naturelles. Vous ne devez ressentir ni gêne ni douleur.

4

Si vous êtes en parfait équilibre, posez le pied droit sur la cuisse gauche. Maintenez pendant deux ou trois respirations naturelles. Reposez le pied droit sur le sol puis posez le pied gauche sur la cuisse droite. Respirez naturellement.

5

La relaxation

Ramenez lentement la jambe gauche sur le sol. Baissez les bras et placez-les le long du corps. Reposez les talons sur le sol et poussez les muscles des épaules, du dos et des hanches vers le sol. En revenant à la position allongée, tout votre corps est massé. Vous êtes dans la posture du cadavre – ou savasana. Respirez naturellement. Votre corps est totalement décontracté et votre esprit est apaisé.

ATTENTION !

Ne faites pas cet exercice si vous avez de l'hypertension artérielle, une maladie cardiaque ou des ulcères à l'estomac.

1

2

3

4

5

LA TORSION CROISÉE

LA TORSION CROISÉE, DÉRIVÉE D'UDARAKAR-SHANANDASANA EST UNE POSTURE FACILE À RÉALISER. LORSQUE VOUS MAÎTRISEREZ PARFAITEMENT CET EXERCICE, AUGMENTEZ L'ÉTIREMENT EN RAMENANT LE GENOU LEVÉ LE PLUS PRÈS POSSIBLE DU SOL.

Cette posture assouplit le bas du dos, redonne de l'énergie, tonifie les hanches, les abducteurs et la colonne vertébrale tout en agissant positivement sur le système nerveux. Les massages de l'abdomen permettent de lutter contre la paresse intestinale et, par conséquent, la constipation. Cet exercice peut, *a priori*, être pratiqué par toutes les femmes enceintes. Arrêtez dès que la position devient inconfortable et ne forcez jamais lorsque vous faites un étirement.

Concentrez-vous sur le chakra manipura (page 17).

Essayez d'imaginer : « Je suis à égale distance du passé et du futur ».

1

Vous êtes allongée sur le sol, les genoux pliés. Les bras sont dégagés du torse. Les paumes sont à plat sur le sol. Si nécessaire, glissez une serviette de toilette roulée sous votre tête. Levez le pied droit et posez le cou-de-pied sur le genou gauche. Expirez puis inspirez en comptant jusqu'à cinq et en étirant la colonne vertébrale sur le sol.

2

Expirez et comptez jusqu'à cinq en laissant tomber le genou gauche sur le sol. Lorsque la jambe gauche est dans le prolongement du dos, maintenez la cuisse droite avec la main gauche. En même temps, pliez le genou gauche et glissez le pied gauche sous la cuisse droite. Saisissez le pied gauche avec la main droite. Le genou gauche et le sommet de la tête sont alignés. Tournez la tête sur la droite, soit à l'opposé de votre corps. La hanche droite décolle du sol mais les épaules restent plaquées sur le sol. Respirez calmement et naturellement et maintenez la position quelques instants.

Vous devez sentir l'étirement mais vous ne devez pas avoir mal.

Ne maltraitez pas votre corps et pensez toujours à protéger l'enfant que vous portez.

3

Revenez lentement à la position initiale. Respirez deux ou trois fois naturellement puis levez et appuyez le pied gauche sur la cuisse ou le genou droits (voir 3A). Faites ensuite le mouvement depuis le début en sollicitant l'autre côté du corps (voir 3B). Revenez à la position initiale et respirez naturellement deux ou trois fois.

4

La relaxation

Glissez la cheville droite par-dessus la cheville gauche et collez les plantes des pieds derrière le haut des cuisses. Balancez-vous doucement de gauche à droite. Grâce à ce mouvement vous massez le bas de votre dos et étirez vos chevilles. Passez la cheville gauche par-dessus la cheville droite et répétez l'exercice en respirant naturellement. Vous pourrez rapidement augmenter l'étirement.

1

2

3a

3b

4

LA ROTATION DES HANCHES

CET EXERCICE A LES MÊMES EFFETS QUE LA POSTURE DE LA MARCHE DU CORBEAU (KAWA CHALASANA), QUI SOLLICITE PLUS FORTEMENT LES ARTICULATIONS. IL ASSOUPLIT LES HANCHES, LES GENOUX ET LES CHEVILLES, MASSE LES FESSES, LUTTE CONTRE L'ACCUMULATION DES GRAISSES DANS LES TISSUS, FAVORISE LA CIRCULATION SANGUINE AU NIVEAU DES JAMBES, MASSE L'ABDOMEN ET COMBAT LA CONSTIPATION. IL PRÉPARE ÉGALEMENT À DES POSTURES PLUS COMPLEXES COMME LE LOTUS (PADMASANA).

Si vous ne devez pas vous concentrer sur un chakra particulier, veillez cependant à bien respirer et à exécuter lentement les mouvements.

Essayez d'imaginer : « Je suis ancrée dans la terre et mes prières s'élèvent vers le paradis ».

1

Vous êtes assise sur le sol. Votre talon gauche est le plus près possible du pubis ou – plus facile – la partie antérieure de la plante du pied pointe vers le genou. Amenez le talon droit à côté de la hanche droite. Tendez les bras vers l'arrière et appuyez-vous sur le bout des doigts. La colonne vertébrale est droite, la poitrine est ouverte et les épaules sont tirées en arrière.

2

Respirez naturellement et penchez-vous légèrement en arrière. Tout le poids du corps repose sur les mains. Levez le genou gauche afin que le tibia soit perpendiculaire au sol. Pour faciliter le mouvement, décollez légèrement le genou droit du sol. Inspirez lentement. Cette technique est particulièrement bénéfique pour les femmes enceintes car elle assouplit efficacement les articulations coxofémorales, ce qui facilitera l'accouchement.

3

Expirez en faisant sur la droite une rotation d'environ 180° pour regarder dans la direction opposée. Le genou droit se tourne vers l'extérieur jusqu'à ce qu'il touche le sol tandis que le genou gauche se tourne vers l'intérieur pour former un angle de 45°. Inspirez dans la première partie de la rotation, soit jusqu'à ce que votre corps soit droit, et expirez en terminant la rotation. Répétez six fois de suite la rotation en synchronisant votre respiration et le mouvement de chaque côté.

4

Revenez à la position initiale. Joignez doucement les mains sur la poitrine.

5

Inspirez lentement et levez les mains au-dessus de votre tête.

6

Continuez à inspirer jusqu'à ce que vous terminiez l'étirement et que vos bras soient tendus au-dessus de votre tête. Expirez longuement et ramenez les paumes sur votre tête. Continuez à expirer en redescendant vos mains sur la poitrine. Répétez cette partie de l'exercice six fois de suite en synchronisant avec précaution votre respiration et le mouvement.

ATTENTION !

Ne faites pas cet exercice si vos chevilles sont fragiles ou si vous êtes sujette aux entorses. Asseyez-vous sur un tapis de yoga ou une couverture et non à même le sol et glissez un coussin sous vos fesses pour protéger votre coccyx.

1

2

3

4

5

LE LOTUS EN FLEUR

AU XIXᵉ SIÈCLE, LE CRITIQUE D'ART BRITANNIQUE JOHN RUSKIN ÉCRIVAIT : « L'ART PUR EST L'ART DANS LEQUEL LA MAIN, LA TÊTE ET LE CŒUR SONT À L'UNISSON ». DANS LA POSTURE DU LOTUS EN FLEUR QUE J'AI MISE AU POINT AU FIL DES ANS, LES MAINS SYMBOLISENT L'OUVERTURE DES PÉTALES DU LOTUS ALORS QUE LA TÊTE REPRÉSENTE LA SOMMITÉ FLORALE ET LE CŒUR LA TIGE. ENSEMBLE, ILS SYMBOLISENT LE DÉVELOPPEMENT DE LA GROSSESSE ET SON MERVEILLEUX ABOUTISSEMENT.

Cette posture agit sur les chevilles, les genoux et les hanches. La poitrine et les poumons s'ouvrent alors que le corps devient élégant et gracieux. La position de départ de l'exercice précédent (la rotation des hanches ; pages 44-45) peut être la base de cette posture.

Concentrez-vous sur l'énergie qui part des pieds (les racines) et des deux chakras muladhara et swadhisthana et remonte le long des différents chakras au fur et à mesure que vous exécutez le mouvement pour atteindre le chakra sahasrara – le lotus aux mille pétales – au sommet de la tête.

Essayez d'imaginer : « Je tiens le monde dans mes mains ».

1

La position de départ
Vous êtes assise à califourchon sur un coussin ou un drap de bain roulé. Les talons sont décollés du sol et les orteils sont en flexion. Inspirez et, en amenant le poids du corps sur vos doigts, reculez lentement vos mains.

ATTENTION !

Si vous avez des varices, des problèmes de cartilages ou si votre tension artérielle est faible, ne prenez pas la position assise (ci-contre) mais optez pour la position de départ de l'exercice précédent (page 44).

2

Expirez en vous rasseyant sur le coussin ou le drap de bain. Si vous êtes suffisamment souple, retirez le coussin ou le drap de bain et posez les fesses entre vos pieds. Joignez les mains sur la poitrine.

3

Expirez puis inspirez en levant les mains au-dessus de votre tête.

4

Continuez l'inspiration jusqu'à ce que vos bras soient parfaitement tendus au-dessus de votre tête.

5

Expirez en ouvrant les bras et en les baissant gracieusement jusqu'à ce que vos mains se joignent au niveau de votre pubis. Répétez l'exercice deux fois de suite. Le mouvement est lent et la respiration régulière.

6

La relaxation
Revenez à la position initiale. Tendez la pointe des pieds vers l'arrière afin de supprimer toute tension et relevez le plus possible les plantes de pieds. Asseyez-vous à nouveau, soit à califourchon sur le coussin ou le drap de bain entre vos pieds, soit, si vous préférez, sur vos mollets. Fermez les yeux et respirez naturellement.

1

2

3

4

5

6

15 MINUTES

LE CHAT

TOUT LE MONDE AIME LA POSTURE MARJARIA-SANA. CERTAINES D'ENTRE VOUS VERRONT DANS CETTE POSITION CELLE D'UN CHAT EN COLÈRE MAIS, POUR MA PART, JE PRÉFÈRE IMAGINER UN CHAT QUI SE RÉVEILLE. LA POSTURE DU CHAT ASSOUPLIT LA NUQUE, LES ÉPAULES ET LA COLONNE VERTÉBRALE. ELLE TONIFIE LE SYSTÈME DE REPRODUCTION ET PEUT, SANS AUCUN RISQUE, ÊTRE PRATIQUÉE (AVEC CEPENDANT QUELQUES MODIFICATIONS) JUSQU'AU SIXIÈME MOIS DE LA GROSSESSE. NE CONTRACTEZ JAMAIS VIOLEMMENT LES DIFFÉRENTES PARTIES DU CORPS. LA POSTURE DU CHAT TONIFIE ÉGALE-MENT LES BRAS.

Concentrez-vous sur le chakra swadhisthana.

Essayez d'imaginer : « Je m'abandonne avec délices à la souplesse de mon corps ».

1

La position de départ
Vous êtes à genoux. Penchez-vous en avant et appuyez-vous sur vos avant-bras. Vos cuisses et vos bras sont perpendiculaires à vos genoux, qui sont dans l'alignement de vos hanches. Vous regardez le sol.

2

Tendez les coudes. L'intérieur des biceps est tourné vers l'avant. Le poids de votre corps est également réparti. Le sommet de la tête et le coccyx sont parfaitement alignés. Les coudes sont bloqués et tout

> **ATTENTION !**
>
> Pendant tout l'exercice, veillez à ne pas cambrer le bas du dos. En effet, le poids du bébé pourrait tirer sur les muscles du dos.

votre corps est maintenu en équilibre. Relâchez pendant deux ou trois respira-tions naturelles puis répétez l'exercice cinq fois de suite.

3

Inspirez puis expirez en comptant jusqu'à cinq et en rentrant la tête. Le menton pointe vers la poitrine. Serrez les fessiers et basculez les hanches vers l'avant en arrondissant le dos et en vous appuyant sur le bout de vos doigts afin d'étirer au maximum la nuque et les épaules. Inspirez lentement en relâchant les muscles et en creusant le dos pour revenir à la position précédente (voir 2). Relâchez pendant deux ou trois respirations naturelles puis répétez l'exercice cinq fois de suite.

4

La relaxation
Asseyez-vous sur vos pieds. Ouvrez les genoux et appuyez-vous sur vos coudes, le menton entre les mains. Maintenez la posi-tion pendant deux ou trois respirations naturelles.

1

2

3

4

LE CHAMEAU

LE CHAMEAU — OU USTRASANA — EST UN ÉTIREMENT QUI SOLLICITE FORTEMENT LES FIBRES MUSCULAIRES ET LES ARTICULATIONS. C'EST POURQUOI J'AI ADAPTÉ CETTE POSTURE AFIN QUE LES FEMMES ENCEINTES PUISSENT L'EXÉCUTER EN PRENANT APPUI SUR UNE OU DEUX CHAISES. LE CHAMEAU FAIT TRAVAILLER LES ÉPAULES ET PERMET DE CORRIGER UNE MAUVAISE POSTURE NATURELLE (ÉPAULES VOÛTÉES OU TOMBANTES) TYPIQUE DES PERSONNES QUI RESTENT ASSISES À LEUR BUREAU TOUTE LA JOURNÉE. CETTE POSTURE ASSOUPLIT LA COLONNE VERTÉBRALE, STIMULE LE SYSTÈME NERVEUX, ÉTIRE L'ESTOMAC ET LES INTESTINS, AIDE À COMBATTRE LA CONSTIPATION ET RÉGULE LA THYROÏDE.

Concentrez-vous sur les chakras swadhisthana et vishuddha.

Essayez d'imaginer : « La paix arrive lorsque je mène une action en toute tranquillité ».

1

La position de départ

Vous êtes confortablement agenouillée entre deux chaises. Les jambes sont écartées de la largeur du bassin et les bords internes des pieds pointent l'un vers l'autre. Les gros orteils se touchent afin de stabiliser le mouvement. Serrez les fessiers afin de stimuler les muscles du bas du dos. Pour plus de sécurité, appuyez la chaise qui se trouve derrière vous contre un mur. Si besoin est, prenez appui sur la seconde chaise.

ATTENTION !

Ne faites pas cet exercice si vous souffrez du dos, par exemple à la suite du coup du lapin, ou si vous avez un dysfonctionnement de la thyroïde.

2

Inspirez puis expirez en comptant jusqu'à cinq et en tirant vos bras en arrière jusqu'à ce que vos mains touchent les pieds ou le siège de la chaise derrière vous. Cambrez votre corps. Regardez devant vous.

Inspirez puis expirez en comptant jusqu'à cinq et en renversant la tête en arrière jusqu'à ce que vous sentiez un étirement. Vous ne devez pas avoir mal. Maintenez pendant deux ou trois respirations naturelles ou plus si possible. Inspirez en ramenant la tête vers l'avant dans la position initiale. Répétez l'exercice trois fois de suite en maintenant l'étirement le plus longtemps possible.

3

La relaxation

Une fois l'exercice terminé, asseyez-vous sur vos pieds. Ouvrez les genoux. Posez les bras sur la chaise devant vous et amenez votre tête dans le creux. Si vous préférez, appuyez vos coudes sur le sol et prenez votre front entre vos mains. Maintenez la position pendant deux ou trois respirations naturelles.

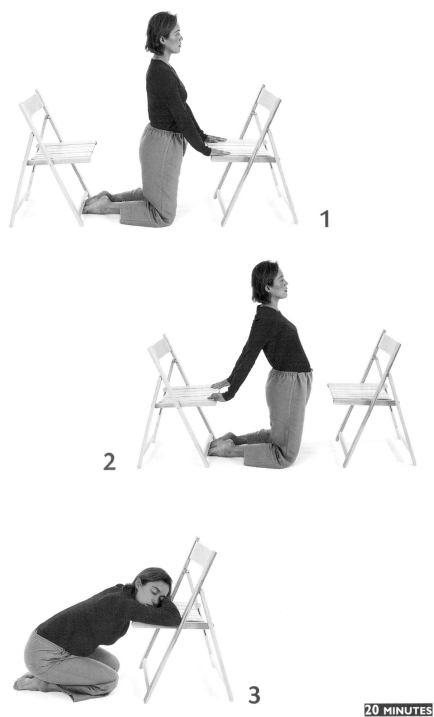

1

2

3

ÉTIREMENT ET ÉLONGATION

POUR RÉALISER CETTE SÉANCE, VOUS AVEZ BESOIN DE DEUX CHAISES. CES EXERCICES SONT DESTINÉS À ÉTIRER ET ALLONGER VOTRE COLONNE VERTÉBRALE AFIN DE VOUS PRÉPARER À DES ÉTIREMENTS PLUS IMPORTANTS. IL SE PEUT QUE, DU FAIT DE VOTRE GROSSESSE, VOTRE ÉQUILIBRE SOIT MODIFIÉ. POUR UNE MEILLEURE STABILITÉ, UTILISEZ UNE CHAISE. IL EST IMPORTANT QUE VOUS ÉTIRIEZ VOTRE COLONNE VERTÉBRALE VERS LE HAUT AVANT D'EXÉCUTER LES TORSIONS. LES EXERCICES SUIVANTS PEUVENT ÊTRE PRATIQUÉS SÉPARÉMENT OU L'UN APRÈS AUTRE LORS D'UN ENCHAÎNEMENT.

Essayez d'imaginer : « Même si apparemment je ne fais rien, je ne cesse d'apprendre, de m'entraîner et de progresser ».

1

La position de départ

Vous êtes assise, le dos droit et la colonne vertébrale collée au dossier de la chaise. Les jambes sont écartées de la largeur des hanches, les mains sont à plat sur les cuisses. Expirez en contractant légèrement l'abdomen. Inspirez en comptant jusqu'à cinq et en levant les bras au-dessus de votre tête. Les bras sont dans l'alignement des épaules. Les paumes sont tournées l'une vers l'autre. Expirez en comptant jusqu'à cinq et en abaissant les bras pour revenir à la position initiale. Répétez le mouvement cinq fois de suite en étirant au maximum la colonne vertébrale mais sans lever les épaules.

2

Revenez à la position initiale. Inspirez en comptant jusqu'à cinq. Expirez en comptant jusqu'à cinq en effectuant une torsion sur la droite mais en gardant la colonne vertébrale droite. Passez le bras droit et la main droite par-des-sus le dossier de la chaise. Appuyez la main gauche sur la face externe du genou droit et tournez le buste sur la droite en accentuant la rotation au maximum. Maintenez la position pendant deux ou trois respirations naturelles. Inspirez et revenez à la position de départ. Expirez et faites le mouvement sur la gauche. Maintenez la position pendant deux ou trois respirations naturelles. Répétez l'exercice de chaque côté deux fois de suite.

3

Pour un meilleur étirement, asseyez-vous en travers de la chaise. Le dossier de la chaise est à votre droite (voir 3). Mettez vos mains de chaque côté du dossier. Inspirez puis expirez en faisant une rotation du buste (des épaules jusqu'à la taille) sur la droite. La main droite pousse sur le dossier de la chaise alors que la main gauche tire dessus. Le mouvement est lent. La tête suit la rotation du buste. Le menton est perpendiculaire à la poitrine. Les épaules sont immobiles. Le sommet de la tête et la colonne vertébrale sont alignés. Maintenez la position pendant deux ou trois respirations naturelles. Inspirez et revenez lentement à la position initiale. Asseyez-vous sur la chaise afin que le dossier soit à votre gauche. Inspirez puis expirez et effectuez le mouvement sur le côté gauche.

4

Pour contre-étirer la torsion et relâcher les muscles du dos, penchez-vous à partir des hanches et étirez votre colonne vertébrale. Les bras sont relâchés et les mains reposent sur le dossier ou le siège d'une chaise posée devant vous (vois 4A). Laissez tomber votre tête entre vos bras en étirant le plus possible votre dos. Respirez naturellement.

5

La relaxation

Asseyez-vous sur une chaise et enroulez votre tête, votre nuque et votre colonne vertébrale jusqu'à ce que vos mains touchent le sol. Toutes les parties du corps sont parfaitement décontractées. Si cette position est inconfortable, ouvrez les genoux, pliez les bras et penchez-vous en avant, les coudes sur les cuisses. Maintenez la position aussi longtemps que possible.

> ### ATTENTION !
>
> Si vous avez de l'hypertension artérielle, ne vous penchez pas complètement en avant à la fin du mouvement mais appuyez vos bras sur vos cuisses et relâchez simplement la tête.

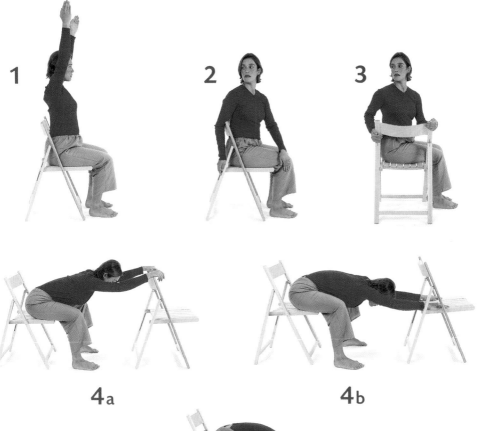

1 2 3

4a 4b

5

20 MINUTES

L'ÉTIREMENT DU SINGE

HANUMAN, LE DIEU DES SINGES, HÉROS DE L'ÉPOPÉE HINDOUE RAMÁYÁNA, ÉTAIT CONNU POUR SON COURAGE, SA DÉVOTION, SA FORCE, SA SOUPLESSE, SA VOLONTÉ ET SA PUISSANCE. CES DIFFÉRENTES QUALITÉS SONT MISES EN ÉVIDENCE DANS CETTE POSTURE QUI PORTE LE NOM D'HANUMANASANA. LA VERSION CLASSIQUE ESSENTIELLEMENT BASÉE SUR LES GRANDS ÉCARTS QUE RÉALISENT LES DANSEURS DE BALLET ÉTANT PRATIQUEMENT INFAISABLE POUR LA MAJORITÉ DES OCCIDENTAUX, JE L'AI QUELQUE PEU MODIFIÉE.

Hanumanasana permet d'assouplir les muscles des hanches et d'ouvrir la ceinture pelvienne. Cette posture soulage les douleurs au niveau des lombaires, tonifie les fessiers et masse l'abdomen. Une pratique régulière permet de conserver un corps jeune et dynamique et ce en dépit du temps qui passe

Concentrez-vous sur le chakra muladhara, à la base de la colonne vertébrale, sur le chakra anahata, dans la région du cœur, ou le chakra ajna – ou troisième œil.

Essayez d'imaginer : « Ça marche. Je vois les résultats ».

1

La position de départ
Vous êtes à quatre pattes, la hanche et la jambe droites sont complètement décontractées. Respirez naturellement et tendez la jambe droite en arrière en gardant le genou collé au sol et en amenant les hanches vers le pied gauche.

2

Expirez en glissant en arrière votre jambe droite jusqu'à un étirement maximal. La fesse gauche repose sur le pied gauche, qui est à plat sur le sol. Ramenez les bras et les mains près du corps afin d'avoir le dos bien droit et d'être en parfait équilibre. Regardez devant vous.

3

Inspirez en comptant jusqu'à cinq. Relevez la tête et étirez-la au maximum en dessinant un cercle. Expirez en relâchant vos muscles et revenez à la position initiale. Inversez la position des jambes et recommencez l'exercice. Répétez cette série de mouvements trois fois de chaque côté.

4

Vous êtes à quatre pattes. Respirez naturellement et amenez le pied gauche entre les bras en appuyant les adducteurs sur le bord externe de la cage thoracique. Sans bouger les hanches, poussez votre bassin en avant pour l'étirer au maximum.

5

Inspirez en comptant jusqu'à cinq. Posez les mains jointes sur la poitrine. Expirez en accentuant la flexion.

6

Inspirez en comptant jusqu'à cinq. Tendez lentement les bras au-dessus de la tête. Maintenez la position puis expirez. Revenez à la position initiale et recommencez le mouvement en inversant la position des jambes. Répétez l'exercice trois fois de chaque côté.

7

La relaxation
Allongez-vous sur le dos dans la posture du cadavre (savasana). Fléchissez les genoux. Respirez naturellement.

1

ATTENTION !

Ne faites pas cet exercice si vous avez une sciatique, un tassement des disques ou un problème au niveau des hanches.

2

3

4

5

6

7

20 MINUTES

LE BAMBOU – EXERCICES D'ÉQUILIBRE

LES MOUVEMENTS RÉALISÉS AVEC UN BAMBOU SONT PLUS ÉLÉGANTS ET PLUS GRACIEUX MAIS TOUT AUSSI EFFICACES QUE CEUX EXÉCUTÉS AVEC UNE CHAISE. LE BAMBOU EST SOLIDE, RÉSISTANT, FLEXIBLE ET LÉGER. DE NOMBREUX YOGIS VOIENT UNE ANALOGIE ENTRE CE SUPPORT ET LA COLONNE VERTÉBRALE. JE ME SUIS FABRIQUÉE UN « BAMBOU » À PARTIR DE TROIS TUTEURS PRIS DANS MON JARDIN – C'EST FACILE ET PARFAITEMENT ADAPTÉ AUX EXERCICES !

> ### ATTENTION !
>
> Si vous avez des problèmes au niveau des articulations ou des cartilages, contentez-vous d'une position à demi accroupie.

Les exercices réalisés avec un bambou développent la concentration et l'équilibre. Ils assouplissent les articulations et tonifient les muscles des jambes les moins sollicités.

Concentrez-vous sur le chakra anahata, dans la région du cœur.

Essayez d'imager : « Je suis forte et flexible et aussi légère qu'un roseau ».

1

Vous êtes debout dans la posture la montagne (tadasana ; page 23). Vous tenez le bambou au niveau du nombril.

2

Expirez puis inspirez en comptant jusqu'à cinq et en vous haussant sur la partie antérieure de la plante des pieds. Bloquez les talons, les chevilles, les genoux et les hanches et mettez-vous en extension.

3

Expirez en comptant jusqu'à cinq et en vous accroupissant à demi. Maintenez la position puis inspirez en comptant jusqu'à cinq.

4

Expirez en comptant jusqu'à cinq en vous accroupissant complètement. Vous êtes assise sur vos talons.
Vos genoux sont ouverts afin que votre ventre et, par conséquent, votre bébé ne soient pas comprimés. Inspirez en comptant jusqu'à cinq. Contractez les muscles des cuisses et relevez-vous pour revenir à la position 2.
Votre respiration et le mouvement sont parfaitement synchronisés.
Ne vous relevez pas trop rapidement si votre tension artérielle est faible.
Si vous avez un vertige, faites une pause jusqu'à ce que vous vous sentiez mieux.
Répétez l'exercice au moins deux fois.

LE BAMBOU – EXERCICES D'ÉTIREMENT

DÉRIVÉS DE LA POSTURE SAMAKONASANA (LITTÉRALEMENT À « ANGLE DROIT »), CES EXERCICES SONT PARTICULIÈREMENT EFFICACES LORSQU'IL S'AGIT D'ÉTIRER LES ISCHIO-JAMBIERS, TRAVAILLER LE HAUT DU DOS ET CORRIGER LA CAMBRURE DE LA COLONNE VERTÉBRALE. SI VOUS SOUFFREZ DE SCIATIQUE OU SI VOUS AVEZ DES PROBLÈMES DE DOS, FAITES CES EXERCICES EN VOUS APPUYANT SUR UN BAMBOU. POUR UN EFFET MAXIMAL, ADOPTEZ LA POSITION SUIVANTE : LES JAMBES SUFFISAMMENT ÉCARTÉES POUR QUE VOUS SOYEZ D'APLOMB, LES TALONS LÉGÈREMENT TOURNÉS VERS L'EXTÉRIEUR ET LES ORTEILS TOURNÉS VERS L'INTÉRIEUR.

Concentrez-vous sur les chakras anahata, dans la région du cœur, ou manipura, le centre émotionnel qui est situé au niveau du nombril.

Essayez d'imaginer : « Je déploie mon corps et mon esprit ».

1

La position de départ
Vous êtes debout dans la posture de la montagne (tadasana ; page 23). Vous tenez le bambou au niveau de votre nombril. En respirant naturellement, écartez-vous doucement du bambou et fléchissez les genoux jusqu'à ce que votre tête soit dans l'alignement des hanches. Votre buste et vos épaules sont tirés en avant.

2

Pour un étirement maximal, éloignez-vous encore plus du bambou et tendez les jambes afin qu'elles soient perpendiculaires à votre corps. À chaque expiration naturelle, étirez le plus possible votre dos. Maintenez la position pendant deux ou trois respirations naturelles.

3

Rapprochez-vous du bambou afin de légèrement redresser votre corps. Écartez les pieds pour être en parfait équilibre et fléchissez les coudes et les genoux afin de ne pas tirer sur votre dos. Vos pieds sont perpendiculaires au bambou. Les talons sont tournés vers l'extérieur. Les hanches s'ouvrent au maximum.

4

Tendez doucement les genoux et étirez votre corps au maximum en allant chercher loin devant vous. Maintenez pendant deux ou trois respirations naturelles puis relâchez. Rapprochez-vous lentement du bambou afin de revenir à la position de départ (voir 1). Répétez l'exercice deux fois de suite.

5

La relaxation
Vous êtes debout. Tous vos muscles sont relâchés. Prenez appui sur le bambou et laissez-vous aller trente minutes.

1

2

3

4

5

20 MINUTES

LA TORSION EN POSITION DEBOUT

À MOINS QUE VOUS NE PRATIQUIEZ LE YOGA DEPUIS PLUSIEURS ANNÉES, JE DÉCONSEILLE AUX FEMMES ENCEINTES DE FAIRE LES EXERCICES DE TORSION POUR LESQUELS IL FAUT ÊTRE ASSISE SUR LE SOL ; EN EFFET, L'ABDOMEN EST ALORS FORTEMENT COMPRIMÉ CE QUI PEUT ÊTRE DANGEREUX POUR LE BÉBÉ. JE VOUS PROPOSE, PAR CONSÉQUENT, DES EXERCICES DÉRIVÉS DE LA POSTURE MERU WAKRASANA, QUI ASSOUPLIT LA COLONNE VERTÉBRALE, ET DE LA POSTURE DE LA MONTAGNE (TADASANA).

Les torsions sont des postures qui, d'une part, stimulent et assouplissent les muscles du dos et, d'autre part, massent l'abdomen et les organes vitaux. Ces postures agissent également sur le mental et permettent de gérer les émotions et d'agir sur les nœuds et les tensions dus à diverses situations conflictuelles.

Concentrez-vous sur le chakra manipura, le siège des émotions, situé au niveau du nombril.

Essayez d'imaginer : « Je dénoue un à un les nœuds qui entravent ma vie ».

1

Vous êtes debout face à une chaise dans la position de la montagne (tadasana ; page 23). Levez la jambe droite et posez le pied sur le siège de la chaise face à vous. Inspirez en comptant jusqu'à cinq et en étirant votre colonne vertébrale au maximum afin que le poids de votre corps ne repose plus sur votre hanche gauche.

2

Posez la paume de la main droite en bas de la colonne vertébrale et la paume de la main gauche sur le bord externe du genou droit. Expirez en comptant jusqu'à cinq. Faites une rotation sur la droite. La main gauche exerce une pression afin de faciliter l'étirement. La tête suit le mouvement du buste et vient se placer au-dessus de l'épaule droite. Les hanches sont immobiles et parallèles à la chaise. Maintenez la position. Inspirez puis expirez en revenant à la position de départ.

3

Recommencez l'exercice en inversant la position des jambes et en faisant une rotation sur la gauche. Revenez à la position initiale. Répétez l'exercice deux fois de chaque côté.

4

Vous êtes debout, les jambes écartées, les talons légèrement tournés vers l'extérieur et les orteils vers l'intérieur. Posez la paume de la main droite en bas de la colonne vertébrale et la paume de la main gauche sur la hanche droite. Inspirez puis expirez en comptant jusqu'à cinq et en effectuant une rotation sur la droite sans toutefois bouger le bassin. Maintenez la position. Inspirez puis expirez en revenant à la position de départ. Recommencez l'exercice en inversant la position des jambes et en faisant une rotation sur la gauche. Répétez l'exercice deux fois de chaque côté.

Variante

Vous êtes debout et vous faites une rotation les pieds joints sans bouger ni les chevilles, ni les genoux, ni les hanches. Les torsions, qui ne stimulent que la moitié supérieure du buste, garantissent un étirement maximal.

5

La relaxation

Vous êtes debout dans la posture de la montagne et vous respirez naturellement.

20 MINUTES

LA RESPIRATION DU SOLEIL

LA RESPIRATION DU SOLEIL – OU SURYA BHEDA PRANAYAMA – EST, EN SOI, UNE PRATIQUE PRIMORDIALE DANS LE YOGA DANS LA MESURE OÙ ELLE STIMULE LA VITALITÉ. ELLE PEUT ÊTRE EFFECTUÉE EN PRÉLUDE À NADI SHODHANA PRANAYAMA, QUI PERMET D'ACCÉDER À LA RESPIRATION PURIFICATRICE (PAGES 88-89). POUR ÊTRE TOTALEMENT EFFICACE, LA PRATIQUE DE LA RESPIRATION DU SOLEIL DOIT FAIRE APPEL AUX BANDHAS – OU VERROUS –, CE QUI EST DÉCONSEILLÉ AU COURS DE LA GROSSESSE.

La respiration du soleil présente de nombreux bienfaits pour la future mère en créant notamment une chaleur à l'intérieur de son corps et en stimulant toute activité physique. Si vous vous sentez faible et léthargique, cette technique respiratoire rendra votre esprit plus vif et plus réceptif. Vous serez également plus extravertie, plus dynamique et peu à peu votre état dépressif disparaîtra. Du point de vue psychique, la respiration du soleil a un effet purificateur sur pingala nadi, qui représente l'énergie masculine ou solaire (pages 16-17).

Vous êtes assise dans une posture de méditation. Votre dos est droit mais il n'y a aucune tension musculaire. Si vos ligaments sont suffisamment souples, asseyez-vous dans la position du lotus ou du demi-lotus (padmasana), le pied droit sur la cuisse gauche et le pied gauche sur la cuisse droite, le bas de la colonne vertébrale à même le sol ou sur un coussin (page 63). Sinon, asseyez-vous sur une chaise au dossier droit. Si vous le souhaitez, posez la main droite sur le genou dans la position chin mudra (la paume est ouverte, le

> ## ATTENTION !
> Après un repas, attendez au minimum 30 minutes avant de faire cet exercice ; en effet, il peut perturber la digestion.

pouce et l'index forment un cercle), particulièrement propice à la méditation.

Fermez les yeux et relâchez tout le corps en respirant naturellement jusqu'à ce que vous vous sentiez calme et sereine. Levez la main gauche et fermez doucement la narine gauche avec votre pouce. Inspirez lentement et pleinement par la narine droite. Puis bouchez votre narine droite avec votre annulaire gauche. Une fois les deux narines complètement bouchées, retenez votre respiration aussi longtemps que possible. Débouchez ensuite la narine droite mais gardez le pouce sur la narine gauche. Expirez lentement et profondément par la narine droite. Si vous êtes novice, contentez-vous de répéter l'exercice dix fois de suite. Lorsque vous serez entraînée, vous pourrez le faire pendant trois à cinq minutes.

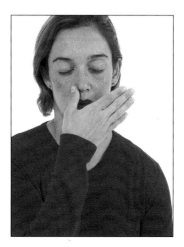

LA RESPIRATION DE LA LUNE

LA RESPIRATION DE LA LUNE — OU CHANDRA BHEDANA PRANAYAMA — EST UNE RESPIRATION QUI REDONNE DE LA VITALITÉ. CETTE TECHNIQUE RESPIRATOIRE, QUI EST COMPLÉMENTAIRE DE LA RESPIRATION DU SOLEI, APAISE ET CALME LE CORPS ET L'ESPRIT. VOUS POUVEZ AINSI MAÎTRISER UNE HYPERACTIVITÉ, APAISER VOTRE ESPRIT ET FAIRE UN TRAVAIL D'INTROSPECTION. CHANDRA BHEDANA AGIT EN PREMIER SUR IDA NADI, QUI REPRÉSENTE L'ÉNERGIE FÉMININE (PAGES 16-17).

La respiration de la lune repose sur les mêmes bases que la respiration du soleil à quelques exceptions près.

Vous êtes assise dans une posture de méditation – lotus ou demi-lotus (padmasana) –, le bas de la colonne vertébrale est à même le sol ou sur un coussin (ci-dessous à gauche). Si cette posture est trop difficile pour vous, asseyez-vous sur une chaise au dossier droit. Si vous le souhaitez, posez la main droite sur le genou dans la position chin mudra (la paume est ouverte, le pouce et l'index forment un cercle), particulièrement propice à la méditation.

Levez la main droite et bouchez la narine droite avec votre pouce. Inspirez lentement et pleinement par la narine gauche. Puis bouchez la narine gauche avec votre annulaire droit. Une fois les deux narines complètement bouchées, retenez votre respiration aussi longtemps que possible. Débouchez ensuite la narine gauche tout en gardant le pouce sur la narine droite. Expirez lentement et profondément par la narine gauche. Si vous êtes novice, contentez-vous de répéter l'exercice dix fois de suite. Lorsque vous serez entraînée, vous pourrez le faire pendant trois à cinq minutes.

ATTENTION !

Ne pratiquez pas ces deux pranayamas le même jour car les effets sur les plans physique, émotionnel, mental et psychique sont totalement différents et répondent chacun à un besoin spécifique.

le milieu de
la grossesse

CONSEILS PRATIQUES

LE DEUXIÈME TRIMESTRE EST SOUVENT CONSIDÉRÉ COMME LA « PÉRIODE GLORIEUSE » DE LA GROSSESSE. JUSQU'À CE JOUR, VOTRE CORPS A ÉTÉ SOUMIS À DE MULTIPLES CHANGEMENTS MAIS PEU À PEU TOUT SE STABILISE. CEPENDANT, CERTAINS MAUX SUBSISTENT SANS COMPTER QUE D'AUTRES APPARAISSENT.

LES CRAMPES

Lorsqu'un ou plusieurs muscles se contractent de façon prolongée, on a ce que l'on appelle une crampe. Les crampes apparaissent le plus souvent dans les pieds, mollets, les cuisses, les fesses, le cou et le bas du dos. Les crampes surviennent de manière irrégulière, principalement lorsqu'il fait chaud, après une activité physique intense ou la nuit, lorsque les muscles sont fatigués. Les crampes ne sont pas graves mais sont très douloureuses. Une mauvaise posture et le fait de porter des talons hauts entraînent souvent l'apparition de crampes. Les conseils suivants permettront de les diminuer :

• augmentez votre consommation de sel – notamment du sel de mer naturel – lorsqu'il fait chaud sauf si votre tension artérielle est élevée car, dans ce cas, le sel est déconseillé.
• Avant de vous coucher, pratiquez les exercices d'équilibre et d'étirement avec un bambou (pages 56-59).
• Surélevez votre matelas au niveau des pieds afin de stimuler la circulation sanguine.

LES VERTIGES ET LES ÉVANOUISSEMENTS

Ces malaises apparaissent lorsque vous allez au delà de vos limites, lorsque votre tension artérielle est basse ou en cas d'hypoglycémie. Les vertiges surviennent principalement avant les repas.

• Ne restez pas debout ou assise trop longtemps. Ne vous levez jamais brusquement et ne vous allongez pas à plat sur le dos, notamment si votre tension artérielle est trop élevée ou trop basse.
• Surveillez votre posture et faites les exercices proposés pages 22-23 (posture, maintien et équilibre) aussi régulièrement que possible.
• Évitez les lieux enfumés.
• Ne portez pas de vêtements, de chaussures ou de bijoux trop serrés qui risquent de ralentir la circulation du sang.
• Ayez toujours à portée de main des sucres d'orge (en cas de vertiges) et des bonbons à la menthe (en cas de nausées).
• Si vous vous sentez mal, versez quelques gouttes d'huile essentielle sur un mouchoir et respirez calmement.

LA CONSTIPATION

La production d'hormones étant plus importante durant la grossesse, les intestins ont tendance à être plus paresseux. Pratiquez régulièrement le yoga et suivez les conseils ci-dessous :

• le matin, buvez à jeun une tasse d'eau chaude. Si votre tension artérielle est élevée, buvez de l'eau froide.
• Prenez un petit déjeuner copieux et équilibré. Le petit déjeuner est le repas le plus important de la journée. Il stimule fortement les intestins.
• Mangez des bananes bien mûres (les bananes peu mûres sont recommandées en cas de diarrhées), des pruneaux cuits, des prunes fraîches, des pommes (sauf si vous avez des problèmes de digestion), des poires, des mangues, des papayes et des ananas. Mélangez ces fruits avec du riz, des céréales (par exemple, des flocons d'avoine).

• Ne sautez pas de repas. Consommez beaucoup de légumes : poireaux, betteraves rouges, tomates fraîches pelées, chou, chou chinois, roquette, cresson, salade verte et céleri.

• Mangez chaque jour une céréale ou une légumineuse : lentilles, orge, riz brun ou cous-cous.

• Limitez votre consommation de produits à base de blé, d'œufs ou de fromages.

• Buvez beaucoup d'eau minérale, de préférence sans carbonate.

• Prenez votre temps lorsque vous allez à la selle et videz totalement vos intestins. Sur-élevez vos pieds lorsque vous prenez votre petit déjeuner.

• Si, du fait de la constipation, vous avez des hémorroïdes, appliquez localement de l'hamamélis.

LES VARICES

Les hormones, en partie responsables de la constipation, agissent sur l'élasticité des veines qui deviennent alors variqueuses.

De mauvaises postures (notamment si vous avez l'habitude de vous asseoir les jambes croisées), les vêtements, les sous-vêtements, les chaussettes, les collants et les chaussures trop serrés, sans oublier le manque d'exercice physique, sont également à l'origine des varices.

• Ayez une activité physique : la grossesse n'est pas une maladie.

• Ne restez pas trop longtemps dans la même position (assise ou debout).

LE SYNDROME DU CANAL CARPIEN

Les fourmillements et l'engourdissement des mains sont dus à une pression des nerfs et des tendons qui surviennent lorsque les mains et les poignets enflent. Essayez les remèdes suivants :

• retirez les bijoux trop serrés. Passez par exemple votre alliance dans une chaîne que vous porterez autour du cou.

• Retirez votre montre. Pourquoi être toujours stressée par l'heure ?

• Incluez dans les exercices prénataux les mouvements pour lesquels il faut lever les bras au-dessus de la tête.

• Massez-vous (pages 100-103) afin de stimuler le drainage lymphatique.

LA TORSION EN SPIRALE

CET EXERCICE DÉRIVÉ DE JATHARA PARIVARTA-NASANA MASSE L'ESTOMAC ET LES AUTRES ORGANES INTERNES, FACILITE LA DIGESTION, STIMULE LES INTESTINS, PERMET DE LUTTER CONTRE LA CONSTIPATION ET SOLLICITE LES MUSCLES ET LES NERFS DU DOS.

Concentrez-vous sur le chakra manipura, le centre des émotions.

Essayez d'imaginer : « Je me débarrasse de la peur qui est en moi ».

1

Vous êtes allongée sur le sol, un oreiller sous la tête et un autre le long de la colonne vertébrale. Les genoux sont fléchis et les jambes serrées. Dégagez les bras du torse afin d'être en parfait équilibre.

2

Inspirez puis expirez en comptant jusqu'à cinq en ramenant les genoux fléchis sur la poitrine et en les basculant vers la droite. Glissez le bras droit sous vos genoux en gardant le coude appuyé sur le sol. Alors que vous basculez vos genoux sur la droite, tournez votre tête sur la gauche. Votre colonne vertébrale forme une spirale. Maintenez pendant deux ou trois respirations naturelles. Inspirez en comptant jusqu'à cinq et en revenant à la position initiale.

3

Expirez en ramenant les genoux sur la poitrine puis inversez le mouvement des jambes et de la tête. Répétez l'exercice deux fois de suite de chaque côté.

4

La relaxation
Posez vos mains de chaque côté de votre abdomen. Croisez vos chevilles et posez vos pieds à plat sur le sol. Respirez naturellement. Les muscles de votre dos se relâchent peu à peu.

1

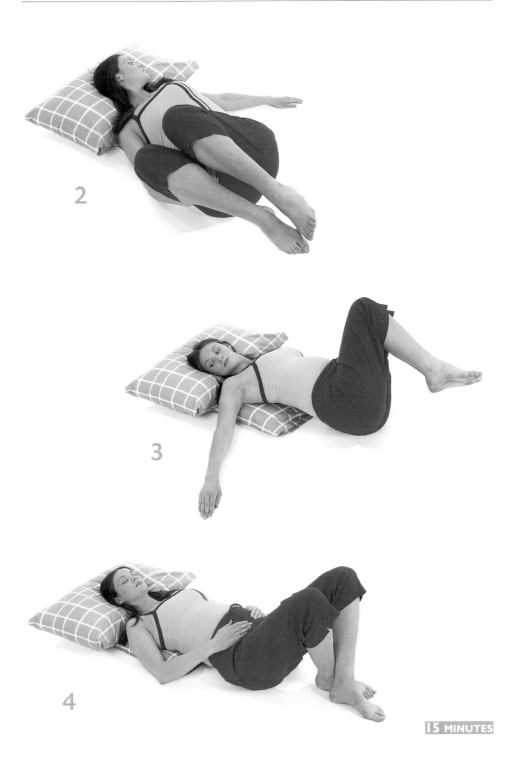

LA TORSION CROISÉE

CETTE POSTURE EST DÉRIVÉE DE LA TORSION CROISÉE PRÉSENTÉE PAGES 44-45 QUE J'AI QUELQUE PEU MODIFIÉE AFIN QUE VOUS PUISSIEZ LA PRATIQUER MÊME LORSQUE VOUS SEREZ EN FIN DE VOTRE GROSSESSE.

La torsion croisée étire plus la colonne vertébrale que la torsion en spirale. Le fait d'avoir une jambe tendue diminue les douleurs de dos alors que les abducteurs et les muscles des hanches sont tonifiés.
Plus vous pratiquerez cet exercice, plus vous aurez de vitalité.
Si vous le souhaitez, mettez de chaque côté de vos genoux un coussin sur lequel vous vous appuierez lors de la torsion.

Concentrez-vous sur le chakra manipura, situé autour du nombril.

Essayez d'imaginer : « Je me débarrasse de tout sentiment de peur et de tout préjugé ».

1

La position de départ
Vous êtes allongée sur le sol, un coussin sous vos épaules et un autre sous votre tête. Vos jambes sont tendues et écartées de la largeur des épaules. Les bras et le corps forment un angle de 45°.
Pendant tout l'exercice, enfoncez les épaules dans le sol.

2

Expirez puis inspirez en comptant jusqu'à cinq. Pliez le genou droit et posez le pied droit sur le genou gauche ; la jambe gauche est toujours tendue.

3

Expirez en comptant jusqu'à cinq et en basculant votre genou droit sur le côté gauche – le genou vient s'appuyer sur le coussin ou à même le sol – et en tournant la tête sur le côté droit. Maintenez pendant deux ou trois respirations naturelles en étirant la colonne vertébrale et en stimulant les muscles du dos et de la jambe pliée. Faites en sorte que le talon gauche et le sommet de la tête soient alignés. Inspirez en comptant jusqu'à cinq et revenez à la position initiale.

4

Expirez en inversant le mouvement des jambes et de la tête. Répétez l'exercice deux fois de chaque côté.

5

La relaxation
Vous êtes allongée sur le dos. Joignez les plantes des pieds et posez-les sur une serviette de toilette roulée. Posez les mains de chaque côté de l'abdomen. Respirez naturellement en décontractant votre colonne vertébrale.

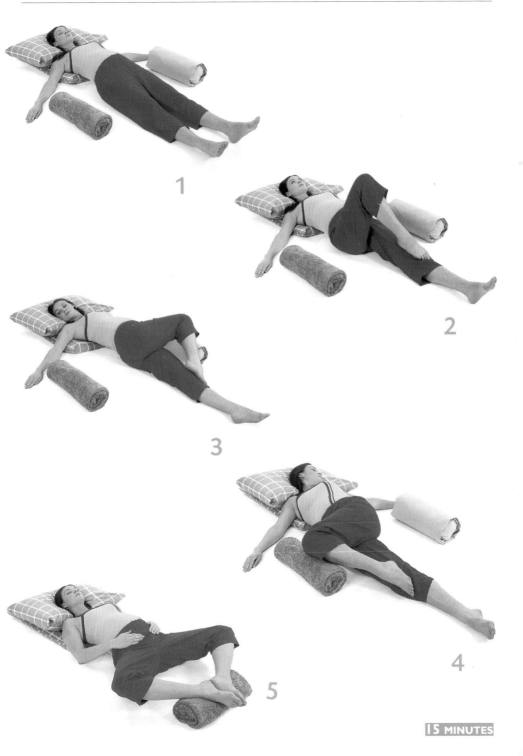

1

2

3

4

5

LA VAGUE

POUR LA PLUPART, LES FEMMES ENCEINTES ADO-RENT LA NATATION, QUI EST D'AILLEURS UN SPORT DONT LES BÉNÉFICES VIENNENT S'AJOU-TER À CEUX DU YOGA. LA VAGUE EST UN EXER-CICE QUI STIMULE LA COLONNE VERTÉBRALE PAR DES MOUVEMENTS APPORTANT AU CORPS UNE SENSATION DE FLUIDITÉ. DANS CET ENCHAÎNE-MENT, LES POSTURES PEUVENT ÊTRE EXÉCUTÉES DE FAÇON DYNAMIQUE OU RYTHMIQUE. C'EST LE MOUVEMENT DE LA TÊTE QUI DONNE SA FLUIDITÉ À TOUT L'ENCHAÎNEMENT. LA TÊTE SE PENCHE EN AVANT VERS LE SOL ET S'ENROULE ALORS QUE LE CORPS S'INCLINE EN ARRIÈRE, OU SE DÉPLIE ET DÉCRIT UN ARC VERS L'ARRIÈRE ALORS QUE LA COLONNE VERTÉBRALE SE DÉPLIE. UNE PRATIQUE RÉGULIÈRE DE CETTE POSTURE ASSOUPLIT LA COLONNE VERTÉBRALE ET LES HANCHES.

Ce mouvement stimule tous les chakras. Au fur et à mesure que vous l'exécutez, concentrez-vous sur les sept chakras sépa-rément.

Essayez d'imaginer : « La vie coule à travers moi ».

1

Vous êtes assise sur un coussin. La tête, la nuque et la colonne vertébrale sont alignées sans toutefois être tendues. Les genoux sont fléchis, les plantes des pieds sont jointes et les jambes forment un losange. Les mains doi-vent être posées à plat sur les genoux.

2

Inspirez puis expirez en vous penchant en avant. Appuyez sur vos chevilles avec les mains afin de faciliter le mouvement. Si vous le pou-vez, posez la tête sur les pieds. L'abdomen est alors entre les jambes et touche le sol.

3

Sans cesser d'expirer, enroulez la colonne ver-tébrale, rentrez la tête et ramenez lentement les mains sur les genoux.

4

Continuez à expirer et penchez-vous en arrière en étirant au maximum le bassin. Le menton est sur la poitrine. Vous vous soute-nez en appuyant les mains sur vos genoux.

5

Inspirez et imaginez que l'air pénètre dans votre corps en partant de la base de la colonne vertébrale. Pour créer le mouve-ment de la vague, basculez le bassin en avant et enroulez la colonne vertébrale en ouvrant la poitrine. Sans cesser d'inspirer, terminez le mouvement en tirant sur les genoux et en dessinant un arc avec la colonne vertébrale, la nuque et la tête, que vous étirez au maxi-mum. Répétez l'exercice cinq fois de suite.

6

La relaxation
Asseyez-vous jambes croisées. Vos bras encerclent vos genoux. Maintenez en respi-rant naturellement.

BERCER L'ENFANT

LES HUMAINS AIMENT SE BALANCER D'UN CÔTÉ À L'AUTRE OU EN DÉCRIVANT UN CERCLE. VOTRE BÉBÉ APPRÉCIERA D'AUTANT PLUS CET EXERCICE QUE VOUS ÉCOUTEREZ EN MÊME TEMPS VOTRE MORCEAU DE MUSIQUE PRÉFÉRÉ. IL EST PROUVÉ QUE LA MUSIQUE QU'ENTEND UN BÉBÉ LORSQU'IL EST DANS LE VENTRE DE SA MÈRE, LE RASSURE, L'APAISE ET LUI PROCURE LE PLUS GRAND BIEN UNE FOIS QU'IL EST NÉ.

Cet exercice tonifie les fessiers, permet de prendre conscience de la force d'attraction et assouplit les articulations des hanches. La dernière position (voir 4) tonifie les abducteurs.

Concentrez-vous sur les chakras muladhara, dans la zone du périnée, entre l'anus et les organes génitaux, et swadhisthana, dans la zone du nombril, pour la phase finale.

Essayez d'imaginer : « Je chante une berceuse pour endormir mon bébé ».

1

Vous êtes assise sur un coussin ou une couverture pliée. La tête, la nuque et la colonne vertébrale sont parfaitement alignées sans toutefois être tendues (voir 1a). Joignez les plantes des pieds et ramenez-les vers votre corps. Penchez-vous légèrement en avant. Les avant-bras glissent le long de la face interne de vos mollets (voir 1b).

2

Respirez naturellement et balancez votre corps sur la droite en enfonçant l'abducteur dans le sol. Les bras exercent une pression à l'intérieur des genoux afin que les hanches soient ouvertes au maximum.

3

Utilisez la force d'impulsion du mouvement pour vous balancer sur la gauche. Répétez le mouvement dix fois de chaque côté.

4

Prenez une jambe entre vos bras, comme si vous portiez un bébé, en plaçant le talon dans le creux du bras opposé à la jambe. Étirez au maximum l'articulation de la hanche.
Changez de jambe et répétez le mouvement.

1a

1b

2

3

4

POSTURE D'ÉQUILIBRE

L'ÉQUILIBRE EST UNE FORME D'HARMONISATION. DANS LA PLUPART DES CAS, NOUS N'UTILISONS PAS CORRECTEMENT NOS MUSCLES ET, PAR CONSÉQUENT, CEUX-CI NE SONT QUE PARTIELLEMENT EFFICACES DANS LA VIE QUOTIDIENNE. LA GRÂCE ET LE MAINTIEN DÉCOULENT D'UNE UTILISATION EFFICACE DE L'ÉNERGIE D'UN EFFORT ET D'UNE ACTION PARFAITEMENT MAÎTRISÉS. AVEC DE L'ENTRAÎNEMENT ET DE LA PRATIQUE, CHACUNE APPRENDRA COMMENT OBTENIR LE MEILLEUR RÉSULTAT EN FOURNISSANT UN EFFORT MINIME.

Je vous conseille vivement de terminer toute séance de yoga par une posture d'équilibre, notamment si vous voulez ensuite faire des exercices visant au contrôle de la respiration (pranayama), à la relaxation ou la méditation. La posture présentée ci-après est connue sous le nom de santolanasana – ou posture de l'équilibre. Elle stimule le maintien et l'équilibre tout en faisant travailler les bras et les mains. Cet exercice est recommandé à toutes les femmes qui souffrent du syndrome du canal carpien (p. 67).

Concentrez-vous sur le chakra manipura, le centre des émotions.

Essayez d'imaginer : « J'ai trouvé un équilibre parfait entre mon passé et mon futur ».

1

La position de départ
Vous êtes à quatre pattes, les pieds en flexion et les talons levés. Le dos n'est pas cambré au niveau des vertèbres lombaires, les épaules sont perpendiculaires aux poignets et les hanches sont dans l'alignement des genoux. Tendez la face interne des coudes et immobilisez les bras. Respirez naturellement.

2

Poussez légèrement vos hanches en avant en utilisant vos épaules comme axe. Attention à ne pas cambrer le dos.

3

Lorsque vous êtes prête, décollez les genoux du sol. Bloquez les chevilles, les genoux et les hanches afin de solliciter au maximum la région lombaire. Le corps forme une diagonale à partir du sommet de la tête jusqu'aux talons. Respirez naturellement et maintenez aussi longtemps que possible. Revenez à la position de départ (voir 1). Répétez l'exercice deux fois de suite.

ATTENTION !

N'exécutez pas cette posture sur un sol glissant. Une posture parfaite nécessite beaucoup d'entraînement. Soyez patiente !

L'ARC

DANS CETTE POSTURE, DÉRIVÉE DE LA POS-
TURE CLASSIQUE DHANURASANA, LE CORPS
SYMBOLISE UN ARC FLEXIBLE ET LES BRAS LA
CORDE TENDUE. L'ARC EST UNE POSTURE TRÈS
FAVORABLE À LA RELAXATION. DHANURA-
SANA TONIFIE ET STIMULE LES MUSCLES DU
DOS, LIBÈRE LA TENSION AU NIVEAU DES
ÉPAULES, MASSE LES ORGANES INTERNES, LES
GLANDES ET LES ABDOMINAUX. LA POITRINE
ÉTANT TRÈS OUVERTE, LES PROBLÈMES RESPIRA-
TOIRES DUS À UNE MAUVAISE POSTURE OU À
UNE TENSION CHRONIQUE DIMINUENT, VOIRE
DISPARAISSENT.

Concentrez-vous sur le chakra manipura,
dans la région du nombril.

Essayez d'imaginer : « Les flèches de mon inspiration partent à la recherche de plus grands
horizons ».

1

La position de départ

Vous êtes à quatre pattes. Les bras sont tendus. Le sommet de la tête et les hanches
sont parfaitement alignés. Le dos n'est pas
cambré au niveau des lombaires. Les épaules
sont perpendiculaires aux poignets et les
hanches sont dans l'alignement des genoux.
Tendez la face interne des coudes et immobilisez les bras.

2

Levez et étirez la jambe gauche. La jambe est
dans le prolongement de la hanche. Maintenez pendant deux ou trois respirations naturelles.

ATTENTION !

Ne pratiquez jamais cet exercice si
vous avez une hernie, un ulcère ou des
problèmes de dos. Pour réaliser cet
enchaînement, attendez que la digestion soit terminée.

3

Fléchissez le genou gauche et montez la
jambe. Maintenez pendant deux ou trois respirations naturelles.

Trouvez votre équilibre et saisissez le pied
gauche avec la main droite. Inspirez profondément et décrivez un arc avec votre corps.
Poussez le pied gauche vers le haut en l'éloi-
gnant le plus possible de votre corps pour étirer au maximum le bras droit. Les épaules sont
immobiles et le coude gauche est tendu. Maintenez la position aussi longtemps que possible
puis expirez en baissant la jambe gauche pour
revenir à la position de départ. Inspirez et étirez votre jambe une fois encore. Maintenez la
position aussi longtemps que possible. Expirez
en baissant la jambe puis inspirez. Étirez à nouveau la jambe puis expirez en relâchant les
muscles pour revenir à la position de départ.
Respirez naturellement. Votre corps se décontracte peu à peu. Changez de jambe et répétez l'exercice trois fois de suite.

4

La relaxation

Asseyez-vous sur les talons ou sur un coussin.
Penchez-vous en avant et posez les coudes sur
le sol. Prenez votre tête entre vos mains. Maintenez la position pendant deux à trois minutes.

LE CHIEN

L'ENCHAÎNEMENT PROPOSÉ CI-APRÈS EST LA CONTRE-POSTURE PAR EXCELLENCE DE L'ARC. IL TONIFIE LE DOS ET PEUT ÊTRE PRATIQUÉ COMME EXERCICE D'ÉCHAUFFEMENT EN VUE DE LA POSTURE CLASSIQUE DU CHIEN. POUR CET EXERCICE, METTEZ UNE CHAISE CONTRE UN MUR OU UN MEUBLE NE RISQUANT PAS DE BOUGER.

Le dos étant à l'horizontale, les organes internes sont dans la même position que ceux des animaux et ne sont plus soumis à l'attraction terrestre habituelle. Cette posture, qui étire, tonifie et muscle le dos, la nuque et les épaules, est particulièrement recommandée aux femmes enceintes, lesquelles, sont assises une grande partie de la journée.

Concentrez-vous sur le chakra vishuddha, situé au niveau de la gorge.

Essayez d'imaginer : « Je me grandis et étire au maximum ma colonne vertébrale ».

1

Vous êtes debout derrière une chaise. Posez les avant-bras sur le haut du dossier et mettez la tête dans le creux de vos bras. Maintenez pendant deux ou trois respirations naturelles. Pour soulager le bassin, balancez les hanches de droite à gauche comme pour un exercice d'échauffement.

2

Écartez-vous de la chaise afin que vos bras soient perpendiculaires au torse. Les jambes sont écartées de la largeur des hanches et les bras de la largeur des épaules. Le sommet de la tête et le coccyx sont alignés. Si besoin est, fléchissez les genoux pour étirer et aplatir au maximum le dos. Maintenez la position pendant deux ou trois respirations naturelles.

3

Posez les mains sur le siège de la chaise afin d'accentuer l'étirement. Le menton et la poitrine sont dans le même alignement. Les épaules et les aisselles sont étirées au maximum (voir 3A). Écartez-vous de la chaise et baissez à nouveau vos mains (voir 3B).

4

Pour étirer votre corps à partir des hanches, rapprochez les talons, pointez les orteils vers l'extérieur et fléchissez les jambes jusqu'à ce qu'elles forment un losange. Maintenez pendant deux ou trois respirations naturelles puis revenez à la position initiale. Reposez-vous pendant deux ou trois respirations naturelles. Répétez l'exercice deux fois de suite.

5

Variante
Pour un étirement maximal, mettez-vous à quatre pattes. Les bras sont perpendiculaires aux épaules, les doigts pointent vers l'extérieur. Les genoux et les hanches sont alignés, les pieds sont en flexion.

6

Inspirez puis expirez en poussant sur vos jambes et en tendant les genoux. Pointez le sacrum vers le haut, votre corps forme un « V » à l'envers. Enfoncez les talons dans le sol afin d'ouvrir les hanches. Enfoncez les mains dans le sol et tendez les bras. La tête est dans l'alignement de la colonne vertébrale et le menton est perpendiculaire à la poitrine. Maintenez pendant deux ou trois respirations naturelles en gardant le corps immobile. Inspirez en revenant à la position initiale. Répétez l'exercice deux fois de suite en respirant naturellement. Revenez dans la position initiale et décontractez-vous.

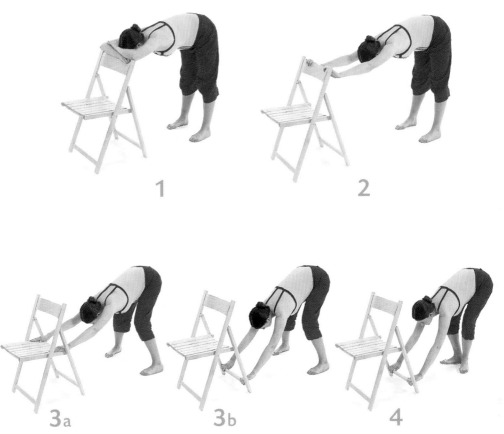

L'ARBRE

LES POSTURES PRÉSENTÉES CI-APRÈS SONT INSPI-RÉES DE LA POSTURE CLASSIQUE DE L'ARBRE (VRIK-SASANA) ET DE CELLE DE LA PRIÈRE SUR UNE JAMBE (EKA PADA PRANAMASANA). ELLES DÉVELOPPENT LE SENS DE L'ÉQUILIBRE ET DU MAINTIEN. LES ARBRES SYMBOLISENT LA FORCE, LA RÉSISTANCE, LA SOUPLESSE, L'ENRACINEMENT ET LA CROISSANCE. DANS CERTAINS PAYS, ON PLANTE UN ARBRE À CHAQUE FOIS QU'UN ENFANT NAÎT. LES SUISSES, PAR EXEMPLE, PLANTENT UN POMMIER POUR UNE FILLE ET UN NOYER POUR UN GARÇON. DURANT TOUT CET EXERCICE, VISUALISEZ UN ARBRE DE VOTRE CHOIX BIEN ENRACINÉ DANS LE SOL.

Durant toute l'exécution de la posture, res-pirez naturellement. Si vous avez une sensa-tion de vertige ou si vous avez l'impression de perdre l'équilibre, ne vous inquiétez pas. Baissez vos bras, reposez la jambe levée sur le sol et concentrez-vous sur votre respira-tion. Si vous êtes novice, prenez appui sur une chaise ou, mieux encore, sur… un arbre !

Ces exercices tonifient les muscles, assouplis-sent et soulagent les articulations et déve-loppent l'équilibre tant physique que mental.

Concentrez-vous sur vos pieds (les racines), votre cœur (le tronc), votre tête et vos bras (les branches) et vos pensées (les fruits).

Essayez d'imaginer : « Je suis robuste et souple. Je grandis sans encombre. Mes racines sont profondément ancrées dans les valeurs les plus immuables de la vie ».

1

Vous êtes debout dans la posture de la mon-tagne (tadasana ; page 23), les pieds joints, les bras décontractés et le corps droit. Regardez

> **ATTENTION !**
>
> Si votre tension artérielle est élevée, ne gardez pas les bras levés au-dessus de la tête pendant plus d'une respiration naturelle.

droit devant vous. Pointez les orteils vers l'ex-térieur et joignez les mains sur la poitrine en croissant les pouces sur le sternum. Ouvrez la hanche droite et tournez le genou droit sur le côté en levant le talon droit. La partie antérieure de la plante du pied prend appui sur la cheville gauche. Transférez votre poids sur la jambe gauche sans bouger le bassin. Concentrez-vous sur les battements de votre cœur. Travaillez votre équilibre et maintenez la position aussi longtemps que possible.

2

Glissez lentement le pied droit le long du mollet gauche et levez simultanément les poi-gnets au-dessus de la tête en ouvrant les ais-selles et en tirant les coudes vers l'arrière. Ouvrez le bassin afin que le genou droit soit parallèle aux hanches. Tout le poids du corps est sur la jambe gauche. Étirez tous les muscles vers le haut. Si vous êtes parfaite-ment concentrée et bien en équilibre, passez à l'étape suivante.

3

Glissez votre pied droit le long des adduc-teurs de la jambe gauche en l'approchant le plus près possible du pubis (en cas de diffi-culté, aidez-vous de votre main gauche). Joi-gnez les mains et levez les bras au-dessus de votre tête. Tendez les bras au maximum. Concentrez-vous, gardez votre équilibre et respirez naturellement.

1

2

3

30 MINUTES

LA CIGOGNE

LA CIGOGNE EST UN OISEAU ÉLÉGANT ET GRA-CIEUX QUI, DANS CERTAINES CULTURES, EST ASSO-CIÉ À LA NAISSANCE D'UN BÉBÉ. DÉRIVÉE DE LA POSTURE CLASSIQUE DE LA DEMI-PINCE EN DEMI-LOTUS (ARDHA BADDHA PADMOTTANASANA), LA CIGOGNE PRÉSENTE DE NOMBREUSES SIMILITUDES AVEC LA POSTURE DE L'ARBRE. ELLE ASSOUPLIT LES ARTICULATIONS DES HANCHES, ÉTIRE ET TONIFIE TOUTES LES PARTIES DU CORPS TOUT EN DÉVE-LOPPANT L'ÉQUILIBRE PHYSIQUE ET MENTAL.

L'étirement des jambes et des articulations des hanches étant plus important que pour la posture de l'arbre, l'équilibre doit être meilleur. Si vous êtes novice, prenez appui contre un mur ou posez le genou fléchi sur le siège d'une chaise (si le siège est trop bas, mettez dessus une couverture roulée).

Concentrez-vous sur le chakra anahata, dans la région du cœur.

Essayez d'imaginer : « J'attends patiemment ».

1

Vous êtes debout dans la posture de la mon-tagne (tadasana ; page 23), les pieds joints, les bras décontractés et le corps droit. Regardez droit devant vous. Respirez naturellement et croisez les pieds. Le poids de votre corps est également réparti sur le pied gauche et sur la partie antérieure de la plante du pied droit. Joignez les mains sur la poitrine. Trouvez votre équilibre et maintenez la position pendant deux à trois respirations naturelles.

2

Glissez le pied droit le long du mollet gauche et posez-le juste au-dessus ou au-dessous du genou comme pour dessiner le chiffre « 4 ».

ATTENTION !

Si vous avez une sciatique, n'exécutez pas cette posture. Si votre tension arté-rielle est élevée, gardez les bras levés au-dessus de la tête pendant une res-piration naturelle puis baissez-les.

Tirez le genou gauche vers l'arrière afin qu'il soit dans l'alignement de votre corps. Inspirez en comptant jusqu'à cinq et en levant lentement les bras. Posez les mains jointes au sommet de votre tête. Expirez puis respirez naturellement jusqu'à ce que vous trouviez votre équilibre.

3

Prenez le pied droit entre vos mains et étirez la cheville, le genou et les ligaments du bassin en glissant le talon droit le long de votre cuisse jusqu'à ce que le bord externe du pied atteigne l'aine gauche. Tournez la plante du pied droit vers le haut. Le genou s'ouvre et descend alors que le pied se rapproche du bassin. Plus le pied est haut, plus le genou est bas. Respirez naturellement jusqu'à ce que vous trouviez votre équilibre.

4

Lorsque vous êtes concentrée et bien en équi-libre, inspirez en comptant jusqu'à cinq et en éti-rant les bras au-dessus de la tête. Respirez natu-rellement et maintenez la position aussi long-temps que possible. Expirez en comptant jus-qu'à cinq en baissant les bras et en ramenant les mains sur le dessus de votre tête puis sur votre poitrine. Gardez votre équilibre et relâ-chez la jambe fléchie. Revenez à la position de départ. Décontractez chaque partie de votre corps et répétez l'exercice en inversant la posi-tion des jambes. Revenez à la position de départ et relâchez vos muscles de votre corps.

LES POSTURES POUR LA MÉDITATION ASSISE

SI VOUS VOULEZ MÉDITER, IL EST INDISPENSABLE QUE VOUS OPTIEZ POUR UNE POSTURE ASSISE CONFORTABLE. VOTRE CORPS DOIT RESTER IMMOBILE ET EN PARFAIT ÉQUILIBRE PENDANT UNE PÉRIODE PLUS OU MOINS LONGUE. LE DOS DOIT ÊTRE PARFAITEMENT DROIT AFIN QUE L'ÉNERGIE CIRCULE LIBREMENT À TRAVERS LES CHAKRAS. LA POSITION CHOISIE DOIT VOUS PERMETTRE DE VOUS CONCENTRER ET D'ÉCHAPPER PEU À PEU À UN ÉTAT DE CONSCIENCE. SI VOUS ÊTES HABITUÉE À VOUS ASSEOIR SUR UNE CHAISE, VOUS AUREZ PROBABLEMENT QUELQUES DIFFICULTÉS À RESTER ASSISE SUR LE SOL, LES JAMBES CROISÉES. DES LIGAMENTS TROP RAIDES SONT LA RAISON PRINCIPALE DE L'INCAPACITÉ QUE PRÉSENTENT DE NOMBREUSES PERSONNES À EXÉCUTER DES POSTURES QUI, COMME LE LOTUS (PADMASANA), NÉCESSITENT UNE OUVERTURE MAXIMALE DES JAMBES. PAR AILLEURS, MÊME SI LA GROSSESSE ASSOUPLIT NATURELLEMENT LES LIGAMENTS DU BASSIN, VEILLEZ À CE QUE VOS GENOUX (LE MAILLON LE PLUS FAIBLE DE LA CHAÎNE) NE SOIENT PAS SOUMIS À UNE TROP FORTE TENSION.

Vous trouverez ci-dessous plusieurs suggestions destinées à la majorité des femmes enceintes. Essayez-les afin de déterminer celle qui vous convient le mieux. Lorsque vous aurez fait votre choix, installez-vous le plus confortablement possible afin de n'éprouver ni gêne ni douleur. Si besoin est, soutenez certaines parties de votre corps avec des coussins. Il ne vous restera plus alors qu'à vous tourner vers la respiration purificatrice, nadi shodhana (pages 88-89).

Essayez d'imaginer : « Je suis parfaitement immobile et paisible ».

1

Sukhasana

Cette posture est la plus simple des postures de méditation. Repliez vos jambes sous vos cuisses, posez vos mains sur vos genoux ou dessinez un mudra (sceau) avec les doigts, par exemple gyana mudra (ci-contre). Pour que votre tête, votre nuque et votre colonne vertébrale soient parfaitement alignées, placez un coussin sous vos fesses.

2

Le demi-lotus

Pliez une jambe et placez la plante du pied à l'intérieur de la cuisse opposée. Pliez l'autre jambe et posez le pied le plus haut possible sur la cuisse opposée. Pour la position du lotus, vos deux pieds sont sur vos cuisses opposées, le plus près possible vos hanches. Cette posture est la posture de la méditation par excellence. Si vous optez pour la posture du demi-lotus (ardha padmasana), faites une séance avec votre jambe gauche sur votre cuisse droite puis la séance d'après avec votre jambe droite sur votre cuisse gauche. La posture du demi-lotus tonifie les nerfs du coccyx et du sacrum (qui traversent le bassin) alors que le sang qui circule dans les jambes est dirigé vers l'abdomen.

3

Le coup de tonnerre

Le vajra, l'un des nadis – ou canaux méridiens –, régule l'énergie sexuelle du corps. Vajrasana est une posture qui stimule les organes reproducteurs et digestifs. Cette posture permet la sublimation de l'énergie sexuelle vers les centres les plus hauts, où elle peut s'exprimer au travers de la compassion, la créativité et la sagesse. Vous êtes à genoux sur le sol, les fesses sur les pieds. Vos talons touchent vos hanches. Vous pouvez également vous asseoir sur un oreiller ou un tabouret de méditation.

4

Le héros

Pliez une jambe et glissez-la sous la deuxième. Les talons touchent les fesses et les genoux sont l'un au-dessus de l'autre. Dyana veerasana est une posture confortable dans la mesure où une grande surface du corps est en contact avec le sol.

1

2

3

4

LA RESPIRATION PURIFICATRICE

NADI SHODHANA S'INSPIRE DES TECHNIQUES DE LA RESPIRATION DU SOLEIL ET DE LA RESPIRATION DE LA LUNE (PAGES 64-65). LA RESPIRATION PURIFICATRICE EST INCONTESTABLEMENT LE PRANAYAMA LE PLUS APPRÉCIÉ ET LE PLUS PRATIQUÉ. IL PERMET DE CANALISER ET D'APAISER UN ESPRIT HYPERACTIF OU DE STIMULER ET DE VIVIFIER UN ESPRIT AMORPHE.

La pratique de nadi shodhana équilibre la quantité d'air qui circule dans les deux narines, ce qui permet d'ouvrir le nadi central, sushumna. Cet apport d'énergie rafraîchit et revitalise notre corps, notre esprit et notre âme.

Pour cette technique, la position des mains peut varier. J'ai opté pour nasagra mudra, la position du bout du nez. Si vous êtes gauchère, utilisez la main gauche, si vous êtes droitière, utilisez la droite. Si votre bras fatigue, soutenez votre coude avec votre main qui ne fait rien. La description ci-après s'adresse aux droitières.

Choisissez la posture de méditation assise (pages 86-87) dans laquelle vous vous sentez le mieux ou asseyez-vous sur une chaise au dossier droit. Vous êtes immobile. La tête, le cou et la colonne vertébrale sont parfaitement alignés.

1

Mettez la main droite dans la position de nasagra mudra. Le bout de l'index et du majeur sont décontractés et prennent appui entre les deux sourcils. Bouchez doucement la narine droite avec le pouce. Inspirez lentement par la narine gauche en comptant jusqu'à trois. Synchronisez votre respiration et les battements de votre cœur.

2

Pincez doucement les deux narines avec le pouce et l'annulaire afin de retenir l'air inspiré. Comptez jusqu'à neuf.

3

Retirez le pouce sur la narine droite et expirez lentement. Comptez jusqu'à six.

4

Pincez doucement vos narines avec le pouce et l'annulaire pour empêcher l'air d'y pénétrer. Comptez jusqu'à six.

5

Retirez le pouce sur la narine droite et inspirez lentement. Comptez jusqu'à trois.

6

Pincez les deux narines pour empêcher l'air de ressortir. Comptez jusqu'à neuf.

7

Retirez l'annulaire sur la narine gauche et expirez lentement. Comptez jusqu'à six.

8

Pincez les deux narines pour empêcher l'air d'y pénétrer. Comptez jusqu'à six.

Les premières fois, ne répétez pas cet exercice plus de dix fois de suite. Au fil du temps, vous pourrez faire cet exercice pendant 10 à 30 minutes.

chapitre 3

les derniers mois de la grossesse

CONSEILS PRATIQUES

MÊME SI, AU COURS DU TROISIÈME TRIMESTRE DE LA GROSSESSE SOIT ENTRE LES 30ᴱ ET 40ᴱ SEMAINES, DES MAUX DIVERS ET DES DOULEURS VARIÉES VOUS GÂCHENT LA VIE, RESTEZ POSITIVE. VOTRE CORPS SE PRÉPARE À LA NAISSANCE DE VOTRE BÉBÉ. UN TEL ÉVÉNEMENT NE PEUT SE PRODUIRE SANS BOULEVERSEMENTS. EN PLUS DES SYMPTÔMES DÉCRITS CI-DESSOUS, VOUS AUREZ PEUT-ÊTRE ÉGALEMENT À AFFRONTER D'AUTRES TROUBLES (LASSITUDE OU NAUSÉES), QUE J'AI ÉVOQUÉS PRÉCÉDEMMENT.

LES MAUX DE DOS

Les articulations du bassin commencent à s'assouplir afin de faciliter le passage de votre bébé au moment de l'accouchement. Ce changement, associé à un ventre prédominant, peut modifier l'équilibre de votre corps. Vous aurez alors tendance à cambrer votre colonne vertébrale et à marcher en vous dandinant. La colonne vertébrale et les muscles du dos étant fortement sollicités, des douleurs peuvent apparaître. Si vous souffrez du dos, voici quelques recommandations :

• diminuez la tension exercée sur votre dos en faisant les exercices d'élévation du bassin (pages 26, 28, 29 et 31). Essayez toujours de répartir également le poids de votre corps.
• Asseyez-vous et levez-vous d'une chaise sans tirer sur votre dos ; reportez-vous aux exercices pages 22-23.
• Lorsque vous soulevez un objet lourd, utilisez les muscles de vos cuisses et non les muscles de votre dos.
• Asseyez-vous sur des chaises au dossier droit et dormez sur un matelas dur. Si besoin est, calez votre dos avec des oreillers.
• Portez des chaussures souples et confortables.
• Massez votre corps sous la douche ou dans le bain avec une brosse en pur poil de sanglier afin d'enlever les peaux mortes et stimuler la circulation du sang.

LA RÉTENTION D'EAU (ŒDÈME)

Plus votre bébé grandit et plus vous grossissez, plus le problème de la rétention d'eau risque de se poser. Dans certains cas, la présence d'œdème est caractéristique de l'éclampsie (affection apparaissant en fin de grossesse). Mais ne vous inquiétez pas outre mesure si vos chevilles, votre visage et vos doigts enflent ; ces problèmes, désagréables et peu esthétiques, sont en général mineurs.

• Si vos doigts sont « boudinés » et si vos bagues vous serrent, mettez-les sur une chaîne et portez-les autour du cou ou faites-les agrandir par un bijoutier.
• En fin de grossesse, de nombreuses femmes ne supportent plus leurs verres de contact. Si tel est votre cas, optez pour des lunettes.
• Si vous avez des œdèmes, le yoga et les massages sont fortement recommandés.

L'HYPERTENSION (TENSION ARTÉRIELLE ÉLEVÉE)

Au cours de la grossesse, le volume du sang circulant dans l'organisme augmente d'environ 40 à 50 %, ce qui explique en partie pourquoi les femmes enceintes ont souvent plus chaud qu'à l'accoutumée et souffrent beaucoup de la chaleur en été. Il est indispensable que votre gynécologue, ou votre médecin traitant, vérifie régulièrement votre tension artérielle.

• Si votre tension artérielle est élevée, reposez-vous au maximum. Déshabillez-vous et allongez-vous sur votre lit afin que votre corps « respire ».

• Si vous ne pouvez pas vous coucher, écoutez une musique calme et faites brûler des huiles essentielles.
• Prenez soin de vous. Prélassez-vous dans votre bain ou lisez le dernier roman de votre auteur préféré. Profitez de cette période pour vous reposer car, une fois que votre bébé sera là, vos journées – et vos nuits – seront bien remplies.

LES DÉMANGEAISONS

Si votre abdomen est tendu au maximum, il se peut que vous ressentiez des démangeaisons. Les massages et les exercices physiques vous soulageront. Par ailleurs, surélevez vos jambes lorsque vous êtes assise ou allongée.

• Enduisez votre peau d'une huile pour le corps adoucissante.
• Si les démangeaisons empirent, appliquez une lotion à la camomille ou une crème pour le visage (non parfumée).

LES PROBLÈMES CUTANÉS ET CAPILLAIRES

Ces problèmes sont dus à une augmentation de la sécrétion de sébum qui s'observe à cette période de la grossesse.

• Si vos cheveux sont longs et fins, relevez-les en les maintenant avec des pinces ou des peignes. Si le cœur vous en dit, faites-vous un chignon dans lequel vous piquerez une ou deux fleurs.
• Si la peau de vos pieds est sèche, faites-les tremper au moins une heure dans de l'eau chaude dans laquelle vous aurez versé des sels. Une fois qu'ils sont secs, frottez-les avec une pierre ponce pour enlever les peaux mortes et massez-les avec une crème pour le visage assez grasse.

APPRENEZ À GÉRER VOS ÉMOTIONS

Dès le début de votre grossesse, vous devenez le centre de mire de votre entourage, ce qui peut avoir des répercussions sur le plan psychologique. Alors que votre corps est soumis à de nombreux changements hormonaux, de nombreuses questions vous préoccupent : Comment va se passer la naissance ? Quel avenir vais-je offrir à mon enfant ? Serai-je une bonne mère ?

Si vous attendez votre premier enfant, ces questions sont a fortiori tout à fait naturelles. Ne soyez pas angoissée. Face à votre bébé, vous trouverez les gestes qu'il faut et vous deviendrez vite une « bonne » mère. Pour apaiser votre esprit, pratiquez régulièrement les exercices respiratoires et de méditation présentés précédemment. Vous serez plus objective et vous apprendrez à ne pas voir uniquement le côté négatif des choses.

LE CERCLE DE LA VIE

LE CERCLE QUI SYMBOLISE L'ESPRIT — LE CYCLE ININTERROMPU DE LA VIE À LA MORT ET À LA RENAISSANCE — EST UN SYMBOLE PARTICULIÈREMENT FORT POUR LES FEMMES QUI SONT SUR LE POINT DE DONNER LA VIE. SI CETTE SÉANCE AGIT SUR LE PHYSIQUE, ELLE PERMET ÉGALEMENT DE DONNER UN SENS PROFOND À LA VIE ET DE RELATIVISER LES PROBLÈMES AUXQUELS VOUS ÊTES CONFRONTÉE. PAR AILLEURS, ALORS QUE DE NOMBREUSES POSTURES DE YOGA SONT PLUS ANGULEUSES ET MASCULINES, LES EXERCICES RÉALISÉS AVEC UN CERCEAU LIBÈRENT LA PARTIE FÉMININE ET FONT PLANER UNE SENSATION DE DOUCEUR ET DE RONDEUR QUI APAISE L'ÂME.

La séance proposée ci-après est une excellente préparation à la naissance car tous les muscles et toutes les articulations sont stimulés. Elle favorise l'ouverture du bassin, sollicite et tonifie la moindre partie du corps. Si vous ne pouvez pas vous asseoir à même le sol, asseyez-vous sur une chaise. Prenez un cerceau en plastique de 75 à 90 cm de diamètre. Si vous avez un pouvoir d'abstraction, travaillez avec un cerceau imaginaire.

Le cercle de la vie ne présente aucune contre-indication. Néanmoins, asseyez-vous confortablement sur une chaise stable. Pour plus de sécurité, appuyez la chaise contre un mur afin qu'elle ne bascule pas.

Concentrez-vous sur un chakra — ou centre d'énergie — afin de bien comprendre chacune des postures et la rendre le plus efficace possible. Pour cet exercice, le cerceau symbolise l'énergie diffusée par les chakras.

Essayez d'imaginer : « Je suis rattachée au cercle de la vie ».

1

Vous êtes assise sur le bord d'une chaise. Ouvrez votre bassin. Les genoux sont dans l'alignement des chevilles, les jambes sont parallèles. Le bassin, la colonne vertébrale, la nuque et la tête sont droits mais il n'y a aucune tension. Prenez le cerceau — réel ou imaginaire — entre vos mains. Vos coudes sont fléchis au niveau de la taille. Maintenez la position pendant deux ou trois respirations naturelles en vous concentrant sur le pourtour du cerceau.

2

Inspirez puis expirez en comptant jusqu'à cinq et en penchant votre corps sur la droite à partir de la taille. Tournez le cerceau dans le sens des aiguilles d'une montre en étirant votre corps au maximum et sans décoller les fesses de la chaise. Levez la tête pour fixer le haut du cerceau. Si votre nuque est trop tendue, regardez vers le sol. L'axe autour duquel

1

2

tourne le cerceau se trouve au niveau de la base de la gorge. Vos mains se déplacent naturellement sur le bord du cerceau pour accompagner le mouvement. Lorsque vous aurez effectué un tour complet, faites une petite rotation supplémentaire notamment si vous souhaitez maintenir l'étirement.

3

Inspirez en comptant jusqu'à cinq et en revenant à la position de départ. Expirez en comptant jusqu'à cinq et en effectuant le mouvement sur le côté gauche, soit dans le sens contraire des aiguilles d'une montre. C'est le corps qui travaille et non les mains. Répétez l'exercice au moins cinq fois de chaque côté.

4

Revenez à la position initiale. Collez les talons et la partie antérieure des plantes de pieds. Vos genoux sont fléchis. Vos jambes forment un losange.

5

Inspirez puis expirez en comptant jusqu'à cinq et en vous penchant sur le côté droit pour étirer votre corps.

6

Inspirez et revenez à la position de départ. Expirez en vous penchant sur le côté gauche. Répétez le mouvement au moins cinq fois de chaque côté.

3

4

5

6

15 MINUTES

ÉTIREMENT VERS LE HAUT

POUR LA PLUPART, LES FEMMES ONT UN REGAIN D'ÉNERGIE JUSTE AVANT DE PERDRE LES EAUX ET COURENT PARTOUT AFIN QUE TOUT SOIT PRÈS LE JOUR « J ». SI TEL EST VOTRE CAS, SACHEZ NÉANMOINS ÉCONOMISER VOTRE ÉNERGIE AFIN DE PRÉPARER VOTRE CORPS À L'ÉVÉNEMENT QU'IL VA SUBIR. LA SÉANCE PRÉSENTÉE CI-APRÈS VOUS AIDERA À DÉCOUVRIR CES DIFFÉRENTES SOURCES VITALES EN MAÎTRISANT VOS MUSCLES PELVIENS. MAIS ATTENTION ! N'ALLEZ PAS AU DELÀ DE VOS LIMITES !

Concentrez-vous sur les chakras muladhara qui vous relient à la terre puis remontez le long de la ligne médiane du corps pour vous concentrer sur le chakra ajna – ou troisième œil – et redescendez vers le chakra muladhara.

Essayez d'imaginer : « J'ai la force, la puissance et la capacité d'apprécier toutes les expériences qui circulent à travers mon être ».

1

Vous êtes assise sur le bord d'une chaise. Ouvrez votre bassin. Vos genoux sont dans l'alignement de vos chevilles, vos jambes sont parallèles. Posez les mains sur vos adducteurs juste derrière les genoux, et servez-vous en comme d'un levier pour étirer votre torse et écarter vos jambes le plus possible. Penchez-vous lentement en avant. La colonne vertébrale, la nuque et la tête sont droites mais il n'y a pas de tension. Expirez puis inspirez en contractant doucement vos muscles pelviens. Imaginez qu'ils sont un ascenseur grimpant au dernier étage de l'Empire State Building. Maintenez la position quelques instants.

2

Expirez lentement en imaginant que l'ascenseur regagne le sous-sol. Alors que vos muscles pelviens redescendent, laissez glisser vos mains le long de vos jambes jusqu'aux chevilles. Répétez l'exercice cinq fois de suite.

Revenez à la position de départ. Serrez les jambes. Immobilisez vos chevilles, vos genoux et vos hanches et décollez les talons du sol. Vous êtes assise sur le bord de la chaise. Tendez les bras en arrière et agrippez les bords du siège. Expirez puis inspirez en fermant les yeux et en contractant vos muscles pelviens. Tirez au maximum la tête et le corps en arrière. Maintenez la position puis expirez en relâchant les muscles pelviens pour revenir à la position initiale. Répétez l'exercice cinq fois de suite.

3

La relaxation

Vous êtes assise à califourchon sur la chaise face au dossier. Vos avant-bras sont sur le haut du dossier et soutiennent votre tête. Lorsque le travail commencera, mettez-vous dans cette position afin de mieux supporter les contractions.

1

2

3

ÉTIREMENT DANS LA POSITION ALLONGÉE

Si vous ne prenez pas quelques précautions, vous risquez d'être épuisée les dernières semaines qui précèdent l'accouchement. Dès que vous le pouvez, surélevez vos jambes afin d'éviter les problèmes de rétention d'eau et de soulager les maux de dos. L'exercice que nous vous proposons vous aidera à maîtriser vos émotions, à vous calmer et à vous concentrer. Pour cette séance, calez votre tête, vos épaules et votre thorax avec des coussins et ayez une chaise à portée de main.

Concentrez-vous sur le chakra swadhisthana (centre de l'énergie sexuelle).

Essayez d'imaginer : « Je monte l'escalier qui conduit au paradis ».

1

Vous êtes allongée sur le sol. Glissez des coussins sur vos hanches, votre thorax, vos épaules et votre tête. Celle-ci doit être surélevée par rapport au reste du corps. Joignez les pieds et posez-les sur le dossier de la chaise. Ouvrez les genoux afin de former un losange et ouvrez les hanches pour un étirement maximal. Maintenez la position pendant deux minutes en respirant naturellement.

2

Poussez sur le dossier de la chaise jusqu'à ce que les pieds décollent du sol. Vos jambes sont tendues et à l'écartement des épaules. Maintenez la position une minute en respirant naturellement.

3

Expirez en fléchissant vos jambes afin que les pieds de la chaise touchent à nouveau le sol. Ramenez le plus possible vos genoux sur votre poitrine. Inspirez en tendant à nouveau les jambes. Répétez l'exercice cinq fois de suite.

4

La relaxation
Allongez vos jambes sur le siège de la chaise et décontractez tous les muscles de votre corps. Respirez naturellement. Restez dans cette position aussi longtemps que bon vous semble.

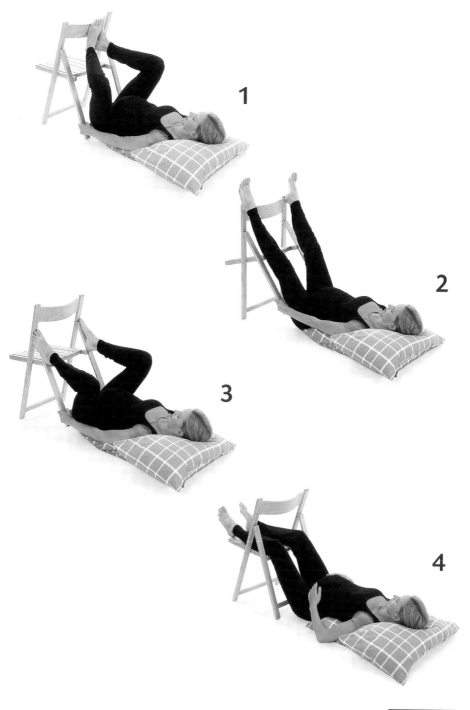

1

2

3

4

15 MINUTES

MASSEZ VOTRE CORPS

PRENEZ LE TEMPS DE VOUS MASSER AVEC VOTRE LOTION PRÉFÉRÉE. CE MASSAGE VOUS FERA LE PLUS GRAND BIEN NON SEULEMENT À VOUS MAIS ÉGALEMENT À VOTRE BÉBÉ. CERTAINES FEMMES S'ENDUISENT LE CORPS AVEC UNE HUILE OU UNE LOTION DÈS LE DÉBUT DE LA GROSSESSE AFIN DE PRÉVENIR LES VERGETURES. SI, SACHEZ QU'IL N'EST JAMAIS TROP TARD POUR COMMENCER. LES TECHNIQUES DE MASSAGE CI-APRÈS ONT UN EFFET DIURÉTIQUE DANS LA MESURE OÙ ELLES STIMULENT LE SYSTÈME LYMPHATIQUE.

Vous pouvez bien évidemment vous masser sans lotion et à travers vos vêtements, néanmoins, sachez que les massages sont plus efficaces lorsqu'ils sont pratiqués sur la peau nue, par exemple après un bain ou une douche. Si vous avez des insomnies, pratiquez les massages présentés pages 102-103 dans votre lit.

Pour toutes les techniques de drainage lymphatique, le sang doit circuler vers le cœur. Par conséquent, concentrez-vous sur le chakra anahata, dans la région du cœur.

Essayez d'imaginer : « Les caresses calment mon corps et apaisent mon bébé ».

1

Vous êtes assise sur une chaise. Enduisez vos mains avec une lotion et massez vos bras. Levez le bras droit au-dessus de votre tête et enserrez votre main droite avec votre main gauche. Doucement mais fermement, « drainez » votre bras droit comme si vous vouliez ramener tout le sang vers le cœur. Répétez le mouvement

---

ATTENTION !

Si votre tension artérielle est élevée, massez vos bras sans appuyer.

---

plusieurs fois en veillant à bien masser toute la surface du bras.

2

Continuez le mouvement de drainage dans le creux de l'aisselle, autour du bord externe du sein jusqu'au milieu de la cage thoracique. Répétez le mouvement plusieurs fois. Levez votre bras gauche et faites le même exercice en massant soigneusement votre bras, votre aisselle, le bord de votre sein et le milieu de votre torse. Répétez l'exercice deux fois de suite de chaque côté en respirant naturellement.

3

Levez et fléchissez votre jambe droite et drainez-la aussi doucement que possible – imaginez que vous mettez un bas de soie – en partant des orteils pour remonter le long de la jambe devant et derrière. Répétez le mouvement plusieurs fois en veillant à bien masser toute la surface de la jambe.

4

Respirez naturellement et faites le mouvement autour et derrière le genou en remontant vers votre aine et votre hanche. Répétez le mouvement plusieurs fois en veillant à bien masser toute la surface de votre cuisse. Changez de jambe. Répétez l'exercice deux fois de suite de chaque côté en respirant naturellement.

MASSAGE : DESSINER UN HUIT

CETTE TECHNIQUE DE MASSAGE EST CELLE QUE JE PRÉFÈRE. LE MOUVEMENT FLUIDE DANS LEQUEL LES MEMBRES S'ENTRECROISENT GRACIEUSEMENT ÉVOQUE UNE SOURCE QUI VIENT SE JETER DANS UN COURS D'EAU ENCOMBRÉ DE PIERRES. ENDUISEZ VOS MAINS AVEC UNE LOTION AFIN QU'ELLES GLISSENT PARFAITEMENT SUR LES DIFFÉRENTES PARTIES DE VOTRE CORPS NU – COMME LE PRÉCÉDENT, CE MASSAGE PEUT ÊTRE PRATIQUÉ SANS LOTION ET À TRAVERS LES VÊTEMENTS. CE MASSAGE SIMPLE ET REVIGORANT SOULAGE LES TENSIONS AU NIVEAU DU COU ET DES ÉPAULES ET AGIT SUR LES PROBLÈMES DIGESTIFS. LE FAIT DE TRAVAILLER DANS LA RÉGION DU CHAKRA MANIPURA (AUTOUR DU NOMBRIL) PERMET DE CALMER LES ÉMOTIONS. CE MASSAGE EST TRÈS EFFICACE AU DÉBUT DU TRAVAIL.

Concentrez-vous sur les chakras manipura, dans la région du nombril, et anahata, dans la région du cœur.

Essayez d'imaginer : « L'amour est source d'éternité ».

1

Vous êtes assise sur le bord d'une chaise, les talons joints et les jambes ouvertes en losange. Croisez les bras sur votre poitrine et exercez une légère pression avec les mains sur les muscles du cou et des épaules.

2

Respirez naturellement et ouvrez les coudes en baissant les bras et en contractant vos muscles afin que vos mains se rejoignent et soient l'une par-dessus l'autre au niveau du cœur.

3

Glissez doucement vos deux mains sous le sein gauche et massez le côté gauche du ventre dans le sens des aiguilles d'une montre. Si, pour vous, le geste est plus naturel, massez votre ventre dans le sens contraire des aiguilles d'une montre.

4

Joignez les mains et mettez les bras autour de votre ventre. Déplacez doucement vos mains vers la droite si vous avez opté pour le sens des aiguilles d'une montre et vers la gauche dans le cas contraire.

5

Remontez tout le long de la bosse que fait votre bébé jusqu'au sein droit (ou gauche selon le mouvement). Croisez vos mains sur le cœur puis revenez à la position initiale. Recommencez le mouvement depuis le début cinq fois de suite.

ÉTIREMENT AVEC UN SARONG : EXERCICE N° 1

À CE STADE DE LA GROSSESSE, CERTAINS EXER-CICES PEUVENT VOUS SEMBLER DIFFICILES, NOTAMMENT LES ÉTIREMENTS EN AVANT. SI, COMME LA MAJORITÉ DES OCCIDENTAUX, VOUS ÊTES LE PLUS SOUVENT ASSISE SUR UNE CHAISE, VOUS AVEZ PROBABLEMENT PERDU UNE GRANDE PARTIE DE LA SOUPLESSE AU NIVEAU DES LOMBAIRES ET DES ISCHIO-JAMBIERS. C'EST POURQUOI JE VOUS PROPOSE UN ENCHAÎNE-MENT DÉRIVÉ DE LA POSTURE CLASSIQUE ASSIS FLEXION AVANT (PASCHMOTTANASANA) ET POUR LEQUEL VOUS DEVREZ UTILISER UN SARONG.

Ce premier exercice étire les tendons des cuisses, assouplit les articulations des hanches, tonifie et masse le bassin et la région abdominale, y compris les organes internes et les glandes.

Concentrez-vous sur le chakra swadhisthana, centre de l'énergie sexuelle, où la vitalité est stimulée et l'appétit régulé.

Essayez d'imaginer : « J'exploite les sens qui ne répondent à aucune règle ».

1

Vous êtes assise sur le sol, les jambes fléchies et les genoux ouverts. Glissez un sarong plié sous vos pieds et enroulez-en les extrémités autour de vos mains. Allongez les jambes, les pieds joints. Le sarong est tendu au maximum. Expirez puis inspirez en redressant le dos. Les pieds sont en flexion et le sarong fait office de levier. Expirez lentement et maintenez la position pendant deux ou trois respirations naturelles. Vous sentez un étirement à l'arrière des mollets.

2

Inspirez puis expirez. Fléchissez les genoux et ouvrez les hanches en tirant le sarong vers vous. Ouvrez les coudes vers l'extérieur. Pour soulager vos genoux, écartez légèrement les pieds. Maintenez la position puis relâchez les muscles du dos en revenant à la position initiale. Répétez l'exercice six fois de suite en respirant naturellement.

3

Inspirez en redressant le corps. Votre dos est droit et étiré au maximum. Basculez l'os du pubis vers le sol. Expirez. Rentrez votre coccyx et inclinez votre buste en arrière. Cette position est le contre-étirement de la flexion avant. Répétez ce mouvement d'avant en arrière depuis le début six fois de suite.

4

Repliez le pied droit sous la cuisse gauche. Trouvez votre équilibre et passez le sarong sous le pied gauche. Inspirez, levez la jambe gauche et inclinez légèrement le dos en arrière afin qu'il n'y ait aucune tension au niveau des lombaires. Tirez lentement votre jambe gauche vers l'extérieur afin d'ouvrir votre hanche. Expirez et ramenez votre jambe sur le sol. Répétez le mouvement six fois de suite et changez de jambe. Cet exercice est efficace contre les crampes et la rétention d'eau.

ATTENTION !

Ne pratiquez pas cet exercice si vous avez un tassement des disques ou si vous êtes sujette aux sciatiques.

1

2

3

4

ÉTIREMENT AVEC UN SARONG : EXERCICE N°2

LA TRADITION VEUT QUE LES YOGIS UTILISENT UNE BANDE DE TISSU DANS CERTAINES POSTURES DE MÉDITATION. PAR AILLEURS, DANS DE NOMBREUSES CIVILISATIONS, LES FEMMES UTILISENT DE LARGES PIÈCES DE TISSU POUR PORTER LEUR BÉBÉ SERRÉ CONTRE LEUR DOS. SI VOUS UTILISEZ UN SARONG POUR ÉTIRER OU SOUTENIR VOTRE CORPS DURANT VOTRE GROSSESSE, VOTRE ODEUR ET VOTRE ÉNERGIE S'IMPRÉGNERONT DANS LE TISSU. VOUS POURREZ PLACER CE DERNIER DANS LE BERCEAU DE VOTRE BÉBÉ UNE FOIS QU'IL SERA NÉ. VOTRE ODEUR LE RASSURERA ET LE RÉCONFORTERA.

L'enchaînement présenté ci-après étire et assouplit les chevilles, les genoux et les hanches. Durant la phase de relaxation, le sarong soutient et soulage votre dos.

Concentrez-vous sur le chakra swadhisthana, centre de l'énergie sexuelle.

Essayez d'imaginer : « Je grandis lorsque je m'élève au-dessus de ce que je sais déjà ».

1

Vous êtes assise sur le sol, les plantes des pieds jointes et les jambes fléchies en forme de losange. Glissez le sarong sous vos pieds. Expirez puis inspirez en comptant jusqu'à cinq et en étirant le dos au maximum.

2

Expirez en comptant jusqu'à cinq et en ramenant vos pieds vers vous. Maintenez la position quelques instants. Respirez naturellement et laissez tomber les genoux vers le sol.

3

Retirez le sarong et posez le bord externe du pied gauche sur la cambrure du pied droit. Tournez la plante des pieds vers le haut en poussant les pieds l'un contre l'autre. Mettez tout votre poids sur le pied dont la plante est tournée vers le plafond en ouvrant les genoux. Vos bras sont tendus en arrière. Vos mains sont posées à plat sur le sol. Maintenez la position en respirant naturellement.

4

Vous êtes assise sur le sol, les genoux relevés et les chevilles croisées. Glissez le sarong derrière votre dos et ramenez-le derrière vos tibias. Tenez fermement chacune des extrémités dans votre main gauche et votre main droite. Penchez-vous en arrière. Le sarong doit vous maintenir et soulager votre dos.
Gardez cette position aussi longtemps que bon vous semble. Respirez le plus naturellement.

1

2

3

4

JEU DE PIEDS

CES DIFFÉRENTES POSITIONS DE PIEDS M'ONT ÉTÉ ENSEIGNÉES PAR DES DANSEURS INDIENS DANS L'ÉTAT DU KERALA. LES ÉTIREMENTS VOUS PERMETTENT DE SURVEILLER ET DE CORRIGER VOTRE POSTURE NATURELLE. UN ALIGNEMENT CORRECT SOULAGE VOS PIEDS ET VOUS PERMET DE LES GARDER SOUPLES. NE MAINTENEZ PAS UNE MÊME POSITION TROP LONGTEMPS ET PASSEZ RAPIDEMENT À LA SUIVANTE.

Cette pratique, qui peut être considérée comme une séance de réflexologie, est efficace contre les engelures et réchauffe les pieds.

Concentrez-vous sur le chakra muladhara, qui vous relie à la terre.

Essayez d'imaginer : « Je me déplace avec légèreté sur la terre ».

1

Vous êtes à quatre pattes sur le sol. Asseyez-vous doucement sur la cambrure des pieds sans qu'il y ait la moindre tension au niveau des talons. Vos genoux sont écartés. Maintenez la position pendant deux ou trois respirations naturelles. Vos mains sont à plat sur le haut de vos cuisses.

2

Remettez-vous à quatre pattes et posez le dessus de votre pied droit sur la cambrure de votre pied gauche. Il n'y a aucune tension

---

> **ATTENTION !**
>
> Si vous avez des varices, mettez une serviette de toilette sous vos chevilles et une autre sur vos mollets.

au niveau des talons. Asseyez-vous sur vos pieds en corrigeant votre posture pour un alignement parfait. Les mains sont à plat sur vos cuisses. Maintenez la position pendant deux ou trois respirations naturelles. Levez-vous sur les genoux et recommencez l'exercice en inversant la position de vos pieds.

3

Revenez-vous à quatre pattes, les genoux joints, les pieds en flexion et les chevilles immobiles. Asseyez-vous sur les talons et maintenez la position pendant deux ou trois respirations naturelles.

4

Remettez-vous à quatre pattes et transférez tout le poids du corps sur vos mains. Ouvrez les pieds et asseyez-vous sur un drap de bain roulé. Maintenez la position pendant deux ou trois respirations naturelles. Si la séance précédente n'a pas été trop éprouvante pour vos pieds, répétez-la deux fois de suite en retirant le drap de bain et en essayant de vous asseoir à même le sol. Avant de vous asseoir, veillez toujours à ce que le poids du corps soit sur les mains pour éviter toute tension au niveau des genoux.

ENCHAÎNEMENT AVEC BAMBOU

AU FIL DES ANNÉES, J'AI MIS AU POINT CET ENCHAÎNEMENT QUI REPREND CERTAINS ÉLÉMENTS DES EXERCICES D'ENTRAÎNEMENT POUR LES COMBATS AVEC BÂTONS ET LES ARTS DE COMBAT PRATIQUÉS PAR LES ÉGYPTIENS, LES INDIENS ET LES AFRICAINS. PRENEZ UN BAMBOU OU UN MANCHE À BALAI DE LA LONGUEUR DE VOTRE BRAS (DU POIGNET À L'ÉPAULE). VOUS SEREZ SURPRISE DE DÉCOUVRIR QU'UN BÂTON DROIT — LE SYMBOLE MÊME DE LA MASCULINITÉ — PEUT PERMETTRE DE RÉALISER DES MOUVEMENTS HARMONIEUX, CIRCULAIRES ET RÉGULIERS QUI S'ENROULENT AUTOUR DE VOTRE CORPS AVEC UNE GRÂCE TOUTE FÉMININE. VOUS POUVEZ FAIRE CET ENCHAÎNEMENT DE MANIÈRE TRÈS DYNAMIQUE ET ÉNERGIQUE AFIN DE TONIFIER TOUTES LES PARTIES DE VOTRE CORPS OU L'EXÉCUTER D'UNE MANIÈRE PLUS MÉDITATIVE UN PEU COMME UNE DANSE.

Cet enchaînement soulage et assouplit les axes principaux du corps, à savoir les épaules, les coudes, les poignets, les hanches, les genoux et les chevilles.

Concentrez-vous sur les différents chakras le long de la ligne médiane du corps.

Essayez d'imaginer : « Je suis maîtresse de moi-même ».

1

Vous êtes debout, les jambes écartées. Vous tenez chaque extrémité du bambou dans vos mains. Les paumes sont tournées vers le haut.

2

Inspirez puis expirez en fléchissant les genoux jusqu'à ce que la main droite touche le sol. Si votre tension artérielle est élevée, ne baissez pas la tête.

3

Inspirez et tendez les jambes en tournant le bambou afin que la main droite vienne se poser sur le cœur. Les différentes énergies se mêlent alors que vous tendez le bras gauche en avant.

4

Baissez la main droite, fléchissez le bras droit et passez le bras gauche tendu par-dessus le coude droit.

5

Sans cesser d'inspirer, levez le bambou en décrivant un cercle. Levez les bras jusqu'à ce que la main gauche soit au-dessus du sommet de la tête et que le bambou soit à la verticale derrière le dos.

6

Expirez et descendez la main gauche au niveau de la taille sans bouger la main droite.

7

Sans cesser d'expirer, tournez-vous à 90° vers la droite en pivotant les pieds. Fléchissez le genou gauche jusqu'à ce qu'il touche le sol. Le bambou pivote et pointe vers l'avant. Marquez une pause puis inspirez en faisant le mouvement à l'envers pour revenir à la position de départ. Refaites le mouvement en inversant les bras. Répétez tout l'enchaînement cinq fois de chaque côté.

LA DANSE DU LOTUS BLANC – PREMIÈRE PARTIE

AU FIL DES ANS, J'AI PEAUFINÉ CET ENCHAÎNE-MENT (PAGES 112-115) À PARTIR D'UNE HIS-TOIRE QUE J'AVAIS INVENTÉE POUR LE PREMIER COURS DE YOGA DE MES PROPRES ENFANTS. LA DANSE DU LOTUS BLANC DÉCRIT LE CYCLE DE LA VIE DU LOTUS. CETTE FLEUR, QUI EST LE SYMBOLE DE LA CROISSANCE SPIRITUELLE, PERCE L'OBSCURITÉ DE LA BOUE POUR S'ÉPA-NOUIR À L'AIR PUR ET SOUS LA LUMIÈRE DU SOLEIL. DANS LES TEXTES YOGIS ET TAN-TRIQUES, CHAQUE CHAKRA EST SYMBOLISÉ PAR UNE FLEUR DE LOTUS AVEC SES PROPRES CARACTÉRISTIQUES.

En Inde, la danse du lotus blanc – qui pour certains est une forme de méditation et pour d'autres une danse sacrée – fait partie inté-grante de la culture. En effet, la femme enceinte crée une harmonie entre son corps et son esprit tout au long du travail en fixant son attention sur une image représentant une fleur de lotus. Alors que les pétales s'ou-vrent lentement, elle s'imagine que le col de son utérus s'ouvre un peu plus à chaque contraction pour permettre à son bébé de faire son entrée dans ce monde nouveau qui l'attend.

Ce que vous apporte cette danse dépend totalement de la manière dont vous l'abor-dez. Certaines pourront, à l'image des dan-seurs les plus doués, entrer en transe et iront même jusqu'à « voir un Monde dans un grain de sable, un Paradis dans une fleur sauvage, à tenir l'Infini dans la paume de leur main et l'Éternité dans une heure ». (William Blake).

Essayez d'imaginer : « Je suis une fleur s'ou-vrant à la perfection dans la lumière du soleil ».

1

Le lotus blanc commence sa journée dans la paix.

Vous êtes debout, les jambes écartées. Vos mains en coupe au milieu de la poitrine sym-bolisent le bouton d'une fleur. Pendant tout l'enchaînement, respirez naturellement.

2

Alors que le soleil se lève, ses pétales s'ou-vrent. Lorsque le soleil est au zénith, le lotus est totalement épanoui.

Fléchissez les jambes afin qu'elles forment un losange et levez les bras en rapprochant les coudes. Ouvrez les mains et les poignets afin qu'ils forment les pétales de la fleur s'épa-nouissant. Levez la tête vers le haut et pen-chez-la légèrement en arrière.

3

Sous l'effet de la brise, la fleur oscille sur la droite.

Joignez les mains et repliez-les sur votre poi-trine comme si les pétales de la fleur se refer-maient sur eux-mêmes. Glissez la main gauche sous l'avant-bras droit jusqu'à ce que le majeur touche le coude droit. Tournez la paume de la main droite vers le haut en vous penchant vers la droite et en tournant la tête vers la gauche. Vos bras décrivent un arc.

4

Sous l'effet de la brise, la fleur oscille sur la gauche.

Revenez au centre et glissez votre main droite sous votre avant-bras gauche et refaites les mouvements décrits ci-dessus dans l'autre sens.

1

2

3

4

LA DANSE DU LOTUS BLANC – SECONDE PARTIE

Dans cette seconde partie, la danse du lotus blanc fait appel au mime, ce qui ravit les jeunes enfants. Qui sait, peut-être enseignerez-vous un jour cette danse à votre bébé ?

5

Une multitude de poissons minuscules nagent et décrivent des huit autour des racines du lotus.

Posez vos paumes l'une sur l'autre et tendez les pouces vers l'extérieur. Tournez vos pouces pour imiter le poisson dans l'eau, qui décrit des huit de gauche à droite, et fléchissez les genoux pour que ce poisson aille au plus profond de l'étang.

6

L'air est vivant, avec des papillons aussi beaux que des joyaux et des oiseaux aux chants mélodieux.

Dégagez les bras de votre torse et, avec les mains, imitez le battement des ailes des papillons et des oiseaux.

7

Avec le crépuscule, le lotus ferme ses pétales emprisonnant tout ce que le jour lui a offert. Joignez les mains au-dessus de votre tête et tendez les bras.

8

Le lotus blanc se repose et attend l'arrivée de l'aurore.

Joignez les mains sous votre ventre, elles dessinent un mudra classique où les pouces se touchent alors que les doigts de la main gauche sont posés sur ceux de la main droite.

Répétez toute la séance autant de fois que vous le souhaitez. Au fur et à mesure, votre respiration et le mouvement vont se synchroniser.

LA RESPIRATION PENDANT L'ACCOUCHEMENT

LA RELAXATION PROFONDE, LES TECHNIQUES RESPIRATOIRES ET LA VISUALISATION JOUENT UN RÔLE FONDAMENTAL SELON LES DIFFÉRENTS STADES DU TRAVAIL. LA RESPIRATION AVEC UNE BOUGIE OU UNE PLUME PERMET DE PROLONGER UNE EXPIRATION QUI VOUS AIDERA À RETROUVER VOTRE CALME ALORS QUE VOUS VIVEZ UN ÉVÉNEMENT TRÈS INTENSE. UNE PRATIQUE RÉGULIÈRE DU YOGA CONTRIBUERA À CE QUE VOTRE ACCOUCHEMENT SE DÉROULE LE MIEUX POSSIBLE SANS QUE VOUS SOYEZ SOUS L'EMPRISE D'UNE PEUR OU D'UN STRESS QUI POURRAIT AVOIR DES CONSÉQUENCES PLUS OU MOINS GRAVES.

La relaxation : au tout début du travail

Dès le début du travail, essayez de vous détendre le plus possible (yoga nidra pages 20-21). Visualisez des images qui vous aideront à contrôler votre respiration. Concentrez-vous sur l'air qui sort de vos poumons pendant toute la durée d'une contraction. Expirez le plus longtemps possible en entrouvrant les lèvres. Imaginez qu'en inspirant vous faites pénétrer dans votre organisme un antalgique naturel qui va tout droit vers le point douloureux puis de mentalement rejeter toute la douleur qui est en vous. Même si vous devez rester à l'écoute de votre corps pendant le travail, vous serez amenée à faire des choses qui vous paraissent anormales. Par exemple, à la fin du travail, alors que les contractions sont de plus en plus violentes et rapprochées, votre première réaction sera d'inspirer dès que la douleur se fait ressentir. Or, c'est exactement le contraire que vous devez faire. Expirez aussi longtemps et aussi profondément que dure la contraction.

La respiration avec une plume imaginaire

Alors que les contractions sont de plus en plus intenses, vous aurez tendance à respirer de façon plus superficielle. Imaginez qu'une plume est posée sur la paume de votre main et qu'en expirant vous la faites bouger ou imaginez que votre souffle est un petit bateau que vous hissez en haut d'une vague de douleur et que vous devez le garder au sommet de cette vague jusqu'à ce que la douleur diminue. Les muscles de vos épaules, de votre poitrine, de votre abdomen, de vos jambes et les muscles pelviens se détendent peu à peu. Respirez calmement et profondément jusqu'à la fin de la contraction. Entre deux contractions, inspirez pour retrouver votre calme et oxygéner votre corps et gardez à l'esprit que chaque nouvelle contraction vous rapproche du moment où vous pourrez serrer votre bébé tout contre vous. Restez calme et concentrée. Essayez de vous décontracter et n'oubliez pas que plus vos lèvres seront crispées, plus vos muscles pelviens le seront.

La respiration avec une bougie imaginaire : la période de transition

Pour certaines femmes, la fin du travail correspond à une période de transition. Le col de l'utérus n'est pas encore complètement dilaté et il est important que vous contrôliez vos efforts afin de pouvoir pousser correctement au moment voulu. Imaginez que les doigts de l'une de vos mains sont des petites bougies allumées sur le gâteau d'anniversaire de votre bébé. Lorsque vous ressentirez le besoin pressant de pousser, expirez en faisant appel à la respiration haletante comme si vous vouliez éteindre les bougies l'une après l'autre. Vous pouvez également prononcer les mots suivants : « je – ne – dois – pas – pousser… je – ne – dois – pas – pousser… ». Expirez brièvement à chaque mot, inspirez brièvement entre deux mots et expirez longuement sur le mot « pousser ».

Travailler avec votre corps

Le besoin de pousser se fait de plus en plus sentir avec l'augmentation des contractions. Soyez à l'écoute de votre corps. Lorsque vous sentez ce besoin de pousser, inspirez, bloquez votre respiration, calmez-vous puis expirez lentement, longuement et profondément alors que votre corps s'ouvre pour laisser passer votre bébé. Entre les contractions, respirez le plus doucement possible sans crisper vos lèvres afin que les muscles pelviens se décontractent le plus possible.

Lorsque l'envie de pousser se fait à nouveau sentir, bloquez la respiration puis contractez le diaphragme et expirez. Une fois la douleur partie, respirez doucement, relâchez les muscles pelviens. Entre deux contractions, inspirez profondément et puisez toute l'énergie qui vous sera nécessaire pour supporter une nouvelle contraction. Installez-vous confortablement. Restez calme et concentrée et laissez votre corps s'ouvrir pour faciliter le passage à votre bébé. Écoutez votre corps. Ne serrez pas les lèvres et respirez calmement et profondément.

L'arrivée de votre bébé : l'expulsion

Les contractions sont de plus en plus violentes et de plus en plus rapprochées. Vous avez envie de pousser. Écoutez attentivement les conseils de la sage-femme. Vous devrez haleter. Votre utérus poussera votre bébé hors de votre corps et ce quoique vous fassiez. Tout au long de cette phase, contrôlez votre respiration et restez calme et concentrée.

Votre bébé est là

Lorsque vous tiendrez votre bébé entre vos bras, vous oublierez toutes les douleurs que vous venez d'endurer. Mais tout n'est pas fini.

La sage-femme doit encore appuyer sur votre utérus pour que le placenta soit expulsé. Vous ressentirez peut-être encore quelques contractions mais elles vous paraîtront insignifiantes, alors que vous prenez peu à peu conscience qu'une nouvelle vie commence pour vous avec ce petit être que vous tenez entre vos bras.

Ci-dessus : la respiration avec une plume

Ci-dessous : la respiration avec une bougie

LA MÉDITATION AVEC UNE BOUGIE

LE MOT SANSKRIT TRATAKA SIGNIFIE « FIXER SON REGARD SUR UN POINT ENTRE LES SOURCILS ». L'UNE DES TECHNIQUES DE MÉDITATION LES PLUS CONNUES CONSISTE À FIXER UNE BOUGIE. CETTE TECHNIQUE, QUI PEUT ÊTRE PRATIQUÉE DU DÉBUT À LA FIN DE LA GROSSESSE, DÉVELOPPE LA FACULTÉ DE SE CONCENTRER – UNE CONDITION INDISPENSABLE POUR TOUT TYPE DE MÉDITATION –, STIMULE LA MÉMOIRE, CORRIGE CERTAINS PROBLÈMES VISUELS ET RÈGLE LES PROBLÈMES D'INSOMNIE. LES FEMMES LISENT DANS LE FEU ET LES FLAMMES DEPUIS LA NUIT DES TEMPS ALORS QUE LES GUÉRISSEURS ACCÈDENT GRÂCE AU FEU ET AUX FLAMMES À CERTAINS DOMAINES DU PSYCHIQUE. LA MÉDITATION AVEC UNE BOUGIE NE PRÉSENTE AUCUN DANGER ET PERMET DE METTRE FIN À CERTAINS COMPLEXES, PROBLÈMES OU PENSÉES NÉGATIVES. CETTE TECHNIQUE PEUT NÉANMOINS PERTURBER CERTAINES PERSONNES. SI TEL EST VOTRE CAS, DEMANDEZ DE L'AIDE À UN PROFESSEUR EXPÉRIMENTÉ.

Placez une bougie allumée sur une petite table à peu près à un mètre de vous et à hauteur des yeux. Installez-vous dans une posture de méditation confortable (pages 86-87). Si besoin est, utilisez un coussin ou un tabouret de méditation. Vous pouvez également vous asseoir sur une chaise avec un dossier droit. Votre tête, votre nuque et votre colonne vertébrale sont parfaitement alignées.

Fermez les yeux et décontractez-vous. Ouvrez les yeux et fixez le bout de la mèche. Vous ne devez ni cligner des yeux ni bouger les pupilles, ce qui, dans un premier temps, n'est pas toujours facile. Ne crispez pas votre visage et ne froncez pas les sourcils : la concentration se vit de l'intérieur et ne doit pas se manifester par une expression sur le visage. Vous êtes si concentrée sur la flamme de la bougie que vous n'avez plus conscience de votre corps. Si votre esprit s'égare, ramenez-le sur la flamme. Au bout de quelques minutes, vos yeux se fatiguent et commencent à larmoyer. Fermez-les doucement et concentrez-vous sur l'image enregistrée par la rétine derrière vos paupières. Lorsque cette image aura disparu, ouvrez les yeux et fixez à nouveau la flamme de la bougie. Répétez l'exercice deux ou trois fois de suite. Au fil du temps, les séances seront de plus en plus longues. À la fin de la séance, répétez intérieurement cette pensée : « Au plus profond de mon être brille une lumière apaisante ».

LORSQUE L'ENFANT PARAÎT

« J'ai vu ton visage. J'ai touché ta main. J'ai tenu ton corps et je t'ai aimée ».
Rosalind Widdowson

30 MINUTES

annexes

INDEX

A

accouchement, respiration 116-117
arbre (l') 82-83
arc (l') 78-79
arts de combat 110

B

bambou – Exercices d'équilibre 56-57
bambou – Exercices d'étirement 58-59
bassin
    élévation du bassin 26, 28-29, 31, 38-39
    étirement vers le haut 96-97
    l'étirement du singe 54-55
    le cercle de la vie 94-95
    voir aussi hanches
bras
    rotations des coudes 24
    masser votre corps 100-101
bébé, naissance 117
bercer l'enfant 74-75

C

cercle de la vie (le) 94-95
chakras 16-17
chameau (le) 50-51
chandra bhedana pranayama 63
chat (le) 48-49
chevilles
    ardha baddha padmottanasana 84
    étirement avec un sarong 104-107
    le lotus en fleurs 46-47
chi 32
chien (le) 80-81
cigogne (la) 84-85
concentration 13
constipation 11, 68-69
contractions 116-117
cortisol 18
cou
    le chat 48-49

coudes, rotations 24
coup de tonnerre (le) 86
crampes 66

D

danse du lotus blanc 112-115
démangeaisons 93
demi-lotus (le) 86
dhanurasana 78
debout
    l'arbre 82-83
    la cigogne 84-85
    la torsion en position debout 60-61
    position debout : élévation du bassin 26
    posture 22-23n
dos
    étirement et élongation 54-55
    l'arc 78-79
    la torsion croisée 42-43
    la torsion en position debout 62-63
    la torsion en spirale 68-69
    la vague 72-73
    le bambou – Exercices d'étirement 58-59
    le chameau 50-51
    le chat 48-49
    le chien 80-81
    le pont 40-41
    maux de dos 92

E

émotions 8, 93
enchaînement avec bambou 110-111
énergie, chakras 16-17
énergies subtiles 16-17
engourdissement, mains 67
épaules
    le chat 48-49
équilibre 12
    l'arbre 82-83

la cigogne 84-85
le bambou – Exercices d'équilibre 56-57
posture d'équilibre 76-77
étirement
étirement avec un sarong 104-107
étirement dans la position allongée 98-99
étirement et élongation 52-53
étirement vers le haut 96-97
étirer et tonifier votre corps 24-31
le bambou – Exercices d'étirement 58-59
évanouissements 66
expulsion 117

F
fatigue 37

G
genoux
étirement avec un sarong 106-107
le lotus en fleurs 46-47
le papillon 31

H
hanches
bercer l'enfant 74-75
étirement avec un sarong 104-107
l'étirement du singe 54-55
la cigogne 84-85
le lotus en fleurs 46-47
rotations des hanches 24, 44-45
hanumanasana 54
héros (le) 87
horloge (l') 38-39
hormones 18, 36

hypertension artérielle 92-93

I
immunitaire, système 18
insomnies 33
ischio-jambiers
le bambou – Exercices d'étirement 58-59
étirement avec un sarong 104-107

J
jambes
bercer l'enfant 74-75
étirement avec un sarong 104-107
la cigogne 84-85
la torsion croisée 42-43
le bambou – Exercices d'équilibre 56-57
le bambou – Exercices d'étirement 58-59
le lotus en fleurs 46-47
le papillon 31
massez votre corps 100
pliés 26-27
rotations des hanches 44-45
jathara parivartanasana 68

K
kawa chalasana 44
ki 32

L
lotus en fleurs 46-47
lotus 86-87

M
mains
serrer et ouvrir les poings 24

syndrome du canal carpien 67
marche du corbeau 44
marjariasana 48
massages 100-103
    massage : dessiner un huit 102-103
méditation 13
    avec une bougie 118-119
    danse du lotus blanc 111-115
    esprit, relaxation 18-19
    étirement du singe 54-55
    meru wakrasana 60
    montagne (la) 23
    muscles, crampes 66
    nausée du matin 36
    postures pour la méditation assise 86-87
    respiration de la Lune 63

N
nadi shodhana 88

O
œdème 92
oxygène 32

P
padmasana 86
paschmottanasana 104
peau
    démangeaison 93
    problèmes cutanés 93
    vergetures 100
période de transition, travail 116
pieds
    positions des pieds 108-109
    rotations des chevilles 30
placenta 117
pliés 26-27
pont (le) 40-41
    le papillon 31
position couchée :
    élévation du bassin 31

position en quadrupédie :
    élévation du bassin 29
positions des pieds 108-109
posture 22-23
    les postures pour la méditation assise 90-91
    posture à angle droit 60
prana 32
prière sur une jambe 86
problèmes capillaires 97
problèmes urinaires 37
positions assises
    méditation 86-87
    position assise : élévation du bassin 28
    posture 22

Q
que boire 11
que manger 11

R
relaxation
    relaxation profonde 12-13, 18-19
    durant le travail 120
    yoga nidra 20-21
respiration 12, 32-33
    accouchement 116-117
    respiration abdominale 32
    respiration avec une bougie 118
    respiration claviculaire 33
    respiration complète 32-33
    respiration de la lune 63
    respiration du soleil 62
    respiration purificatrice 88-89
    respiration thoracique 33
    respiration triomphante 33
rétention d'eau 92
Ruskin, John 46

S
samakonasana 58
santolanasana 76

sécurité, 10
seins, douloureux 37
setu bandhasana 40
stress 18
surya bheda pranayama 62
svanasana 80
syndrome du canal carpien 67
système endocrinien 18
système lymphatique, massez votre corps
    100-101

T
tadasana 23
taux de sucres dans le sang
    36, 37
tension artérielle 92-93
torsions
    torsion croisée 42-43, 70-71
    torsion en position debout 60-61
    torsion en spirale 68-69

travail, respiration 116-117
troubles digestifs 36
troubles du sommeil 33

U
udarakarshanandasana 42
ujjayi 33
ustrasana 50

V
vague (la) 72-73
varices 67
vergetures 100
vertiges 66
vêtements 11
vrksasana 82

Y
yoga nidra 20-21

REMERCIEMENTS

L'écriture de ce livre a fait appel, comme tous les ouvrages au passé et à travers lui aux expériences les plus anciennes et les plus formatrices. Je voudrais ici exprimer ma plus profonde gratitude à ceux qui m'ont tant appris sur le yoga et la danse.

Mes remerciements s'adressent à mes professeurs, Letty, ma nourrice afro-indienne en Afrique du Sud ; Audrey Biggs ; Vilma Henwood ; Betty Fox ; B.K.S. Iyengar ; Yogini Sunita ; Wilfred Clark ; H.H. Swami Sivananda Saraswati ; Paramahansa Satyananda ; mon cher co-auteur Swami Tantramurti Saraswati pour son soutien aimant et à chacun de mes élèves. Ils m'ont appris énormement de choses et je considère qu'ils sont les meilleurs avocats des multiples bienfaits que la pratique du yoga peut apporter à tous.

J'aimerais également remercier pour les séances de photos en Thaïlande le docteur John Towell, Suzanne Grundy, Alice Mortimer et le photographe et ami Sam Southall ; pour les dernières photos à Londres, Andy du Blank Space, le photographe Peter Pugh-Cooke et les ravissants manequins, Claire Ford, Susan Alston, Rachel Patrick, Anneka Svenska et Sylvia Bazzarelli. Merci aussi pour la confiance, l'aide et la gentillesse de tous ceux qui ont participé au projet chez Hamlyn, je pense particulièrement à Jane McIntosh et à Claire Harvey.

Enfin, j'adresse des remerciements particuliers à ma nouvelle amie, Carol Pannell qui est spécialisée dans les accouchements par voie naturelle et qui enseigne au National Child Birth. En me donnnant généreusement son temps, en me faisant profiter de sa grande expérience et de sa sagesse, elle a grandement contribué à la conception de cet ouvrage.

BIBLIOGRAPHIE

Baimbridge (S.) et Copeland (J.) *Alimentation-santé : la femme enceinte*
    (Marabout, coll. Marabout pratique)
Lewis (S.) *Retrouver sa silhouette après une grossesse*
    (Marabout, coll. Marabout pratique, 2003)
Pellé-Douel (C.) et Lhuillier (P.-E.) *Etre enceinte et travailler*
    (Marabout, coll. Marabout pratique)
Delahaye (M.-C) *Le guide pratique de la femme enceinte*
    (Marabout, coll. Marabout pratique)
Trucs et conseils de médecins, spécial femmes, ouvrage collectif
    (Marabout, coll. Référence)

Publié pour la première fois au Royaume-Uni en 2001 sous le titre original *Yoga for pregnancy*
par Hamlyn, Octopus Publishing Group Limited, 2-4 Heron Quays, London E14 4JP
© 2001 Hamlyn, Octopus Publishing Group Limited
© 2003 Marabout pour l'adaptation française
Traduction : Dominique Françoise, avec la collaboration d'Isabelle de Jaham
Mise en page : Anne-Marie Le Fur

Imprimé en Italie par Rotolito
ISBN : 2501-039033
Dépôt légal : 28820 - 01/2003
Éditon n° 01 - 40/3582/0

Avertissement
Si l'activité physique vous est déconseillée ou si vous avez le moindre doute quant à votre état de santé,
consultez un médecin avant d'effectuer les exercices décrits dans cet ouvrage.